026

팸플릿 026

기후정의의 말들

924 기후정의행진 연설문 모음

9월 기후정의행동 조직위원회 기획

한티재

프롤로그

더 이상 기후위기가 다가오고 있다고 말하지 말라. 기후위기는 아직 오지 않은 것처럼 말하지 말라. 요행히 기후위기를 피할 수 있을지 모른다는 거짓 희망을 가지게 하지 말라. 기후위기는 이미 기후재난으로 드러나 우리의 삶을 집어삼키기 시작했다. 지구상의 동료 시민 누군가의 삶은 송두리째 뿌리 뽑혔고, 이제 누군가의 집 현관 밑으로는 재난의 홍수 물이 밀려들어 오고 있다.

기후위기를 막기 위해서는 온실가스 배출을 급격히 줄여야만 한다는 경고를 우리는 숱하게 들어 왔다. 하지만 우리는 계속 패배해 왔으며, 이제 그 결과를 감당해야 할 시간들에 직면했다. 이 와중에 석탄발전소까지 새로 짓고 있다는 소식에 맥이 탁 풀리기도 한다. 사람들은 마음속에 두려움, 걱정, 죄책감, 무기력감, 그리고 분노가 쌓여 가지만, 많은 경우에 입 밖에 꺼

내 보지도 못하고 있다. 그저 혼자 감당하거나 외면하고 있을 뿐이다. 그러나 그렇게 있을 수만은 없는 일이었다. 진정 "이대로 살 수 없다!"

올해(2022년) 9월 24일, 수많은 사람들이 기후정의행진을 위해서 거리로 나왔다. 2019년의 기후위기비상행동을 위해서 거리에 나선 후 3년 만이다. 그때 우리는 "불이야!"를 외치며 걸었다면, 이번에는 "이 불을 낸 것이 누구인가?"를 물으며 행진했다. 우리는 막대한 온실가스를 쉼없이 배출하면서 거대한 이익을 챙긴 기업과 최상위 부유층이 이 재난을 유발한 주범들이라고 분명히 답했다. 그리고 온실가스를 거의 배출하지 않은 이들이 이 재난의 첫 번째이자 가장 큰 희생을 떠안게 되었다고 슬퍼하고 분노했다. 그리고 맞서 싸울 각오를 다졌다. 거대한 인파 속에서 위로를 얻고 용기를 채웠다.

이번 행진에 참여한 많은 이들이 각기 고유한 목소리에 담은 이야기들을 들고 나왔다. 행진을 시작하기 전 '기후정의행진 오픈마이크' 행사에서, 본집회의 무대에서, 그리고 행진을 이끄는 여러 차량 위에서 그들의 이야기를 꺼내 보여 주었다. 기후위기를 피해 숨지 않고 기후정의를 위해 싸우려 나선 이들은 공들여 '기후정의의 말들'을 짓고 동료 시민들에게 전해 주었다. 이 말들로 행진에서 우리는 서로 연결될 수 있었으며, 잠시나마 기후정의를 실현하는 길을 내고 튼튼한 연대의 다리를 놓는 꿈을 꿀 수 있었다.

이 책은 2022년 9월 24일에 있었던 기후정의행진에 참여한 여러 시민들이 연설하고 또 읊었던 말들을 지면에 옮기고 묶은 것이다. 기후위기 속에서도 우리가 정의롭고 존엄하게 살 수 있는 길을 찾으려는 이들의 말이 공중으로 흩어져 사라지지 않기를 바라며, 연설 내용을 보내 달라 요청했다. 감사하게도 조직위원회로 보내 준 쉰세 편의 연설문, 그리고 시와 소설을 이 책에 담을 수 있었다. 여기에 이번 924 기후정의행진 선언문과 몇 장의 사진도 함께 담았다. 행진의 흥분이 식고 기억이 더 바래기 전에 이 책을 내고자 서두르다 보니, 시간을 들여 모든 연설문을 모아서 담지 못한 것이 아쉽다.

924 기후정의행진에 참여한 이들은 물론이고 미처 함께하

지 못한 이들도 이 책에 담은 '기후정의의 말들'을 읽으며, 우리가 마주한 두려움과 슬픔을 위로하고 또 기후정의를 위해 맞서 싸울 용기를 얻을 수 있기를 희망한다.

2022년 11월
9월 기후정의행동 조직위원회
공동집행위원장 한재각

차례

924 기후정의행진 차량 발언문

924 기후정의행진 오픈마이크 발언문

* 사진 출처 : 9월 기후정의행동 조직위원회

기후재난, 이대로 살 수 없다!
기후정의를 위해 함께 행진하자!

우리가 서 있는 곳은 참담한 재난의 현장이다. 2019년 9월, 많은 이들이 거리로 나와 기후위기 비상상황 선포를 요구했고 그로부터 3년이 지났다. 그동안 국회와 지자체들이 기후 비상상황을 선포했고 정부와 기업들이 속속 탄소중립을 선언하고 있지만, 오늘 우리의 삶터는 그 어느 때보다 참담한 재난 속에 있다.

올해만 해도 전국 각지의 대형 산불로 수많은 생명이 소실되었다. 유례없는 폭우는 '반지하'라는 사회적 불평등의 상징과도 같은 공간에서 우리 동료 시민의 목숨을 앗아 갔다. 대형 태풍을 맞아 사망한 11명의 시민들, 쓰러진 나무들과 쓸려 나간 비인간 동물들까지 모두가 이 기후재난의 피해자들이다.

그뿐만이 아니다. 여기 모인 우리 모두가 바로 기후위기의 최일선 당사자들이다.

우리는 기후위기를 유발한 자본주의 성장 체제에서 위기에 처한 노동자들이다. 우리는 일터를 잃을 위기, 일터에서 착취당할 위기, 또 일터에서 죽을 위기에 처해 있다.

우리는 기후재난과 실패한 농정으로 상처 입은 터전 위에 사는 이들이다. 우리는 삶터를 잃을 위기에 처한 농민과 어민이고, 안전하고 친환경적인 먹거리를 희구하는 이들이며, 공장식 축산과 기업형 육식산업이라는 종차별적 체제 아래 짓눌린 비인간 동물과 교감하는 이들이다.

또, 우리는 안온한 삶을 향유할 권리를 위협받는 이들이다. 우리는 계절마다 밀려오는 기후재난 앞에서 생명을 위협받고, 대규모 토건 사업으로 강과 산과 바다를 빼앗기고 있으며, 돌이킬 수 없는 생태계의 붕괴로 삶을 존속할 수 없을지도 모르는 절체절명의 위기에 처한 이들이다.

그리고 우리는 알고 있다. 우리는 기후위기, 기후재난 앞에서 가장 먼저 위기에 노출될 이들이다. 여성이고, 빈민이며, 장애인이고, 이주민이고, 청소년이고, 노인이고, 비수도권 거주민이며, 성소수자이기도 하고, 환자이자 임차인이다. 그렇기에 우리는 이대로 살 수 없다.

따라서 기후위기 최일선 당사자인 우리는 기후정의의 주체로 나설 것을 선언한다. 불평등하고 위협적이고 폭력적인 이 체제 아래서 이대로 살 수 없고, 이대로 살지 않을 것이다. 막대한 온실가스를 배출하는 시스템을 전환하기 위해 결집할 것이고, 불평등한 체제를 끝장내기 위해 연대할 것이다. '탄소중립',

'녹색성장', 'ESG 경영'*과 같은 허울뿐인 그린워싱**에 기만당하지 않고 '배출제로' 시대를 앞당기고 기후정의가 실현되는 사회를 만들어 나갈 것이다.

기후정의 실현을 위해 우리는 다음과 같이 선언한다.

하나. 화석연료와 생명 파괴 체제를 종식한다.

지구 생태계의 한계 용량까지 온실가스를 배출하고 자원을 추출해 온 종래의 체제는 그 종점에 이르렀다. 더 이상 화석연

---

* ESG는 환경(Environmental), 사회(Social), 지배구조(Governance)의 영문 첫 글자를 조합한 단어로, 기업에게 요구되는 새로운 가치라고 소개되고 있다. ESG를 주장하는 이들에 따르면, 과거에는 투자에서 얼마나 수익을 냈는가만을 두고 기업의 가치를 평가했다면 이제는 환경과 인권 보호, 지배구조의 적절성 등의 비재무적 가치까지도 중요하게 고려해야 한다는 것이다. 따라서 수익율과 같은 재무적 가치만이 아니라, 온실가스를 얼마나 감축했는지, 인권 탄압은 하지 않는지, 이사회를 제대로 구성했는지 등의 비재무적 가치까지 고려해서 기업에 대한 평가와 투자에 대한 의사 결정이 이루어져야 한다고 주장한다. 그럴듯한 이야기이지만, 실제로 기업들이 야기하는 환경적·인권적 파괴와 착취를 근절할 수 있는 방안이 되는지 의심받고 있다. 오히려 근본적인 개혁을 저해하는 장애물로도 비판받는다.

** '위장환경주의'로도 번역한다. 기업이나 정부 등이 환경을 파괴하고 오염을 유발하는 행위를 계속하면서도, 대중들의 비판을 피하고자 환경을 보호하는 것처럼 홍보하는 행위를 말한다. 예를 들어, 석유 회사 '영국 석유'(BP: British Petrol)가 여전히 석유를 채굴하여 엄청난 이익을 얻는 것과 동시에 온실가스와 오염물질을 배출하고 있으면서도 회사명을 '석유를 넘어'(BP: Beyond Petrol)로 바꾸고 재생에너지에 투자한다는 점을 강조하여 이미지를 개선하려는 시도도 그린워싱의 하나라고 할 수 있다.

료에 기반한 경제성장, 시스템 유지는 불가하다. 생태계를 파괴하는 대규모 토건과, 대량의 생산·유통·소비·폐기의 시스템도 중단되어야 한다. 돌이킬 수 없는 위험을 가중시키며 위험한 폐기물을 만들어 내는 핵발전 시스템 역시 단호히 거부한다. 종 차별과 종 착취에 기반한 공장식 축산과 산업형 어업 또한 지속할 수 없는 생명 파괴 체제다.

하나. 모든 불평등을 끝장낸다.

부유한 이들이 야기한 위험이 가난한 이들을 먼저 기후위기의 고통으로 몰아넣는 불평등이 기후위기의 실상이다. 또한 기후위기를 유발하는 이윤 중심의 자본주의 체제가 지금 우리가 살고 있는 기후위기 시대의 원인이고 현재다. 자본의 곳간은 온실가스와 함께 축적되었고 그 곳간이 넘치는 동안 노동자, 서민, 그리고 취약한 이들의 삶은 질병과 죽음으로 내몰렸다. 기후재난은 삶의 위기의 끝에 놓인 이들을 속도를 내며 벼랑으로 내모는 위기가 됐다. 이는 한 국가에만 국한되지 않는 지구적 차원의 불평등이다. 이 사회적 그리고 국제적 불평등을 극복하지 않고서는 온전한 의미에서 위기를 극복할 수 없으며 기후정의를 실현할 수 없음을 분명히 한다. 우리는 불평등을 끝낼 국제 연대, 고통받고 소외된 모든 이들의 연대를 추구한다.

　하나. 기후위기 최일선 당사자의 목소리는 더 커져야 한다.
　기후위기를 야기한 주요 선진국과 대기업들이 기후위기를
또 하나의 이윤 창출, 부의 축적 기회로 삼으며 시민들을 기만
하는 행위를 우리는 더 이상 용납하지 않는다. 가장 먼저 기후
위기를 맞닥뜨리는 기후위기의 최일선 당사자들이 기후정의
의 주체가 되어야 한다. 그것이 오늘 우리 선언과 행진의 핵심
이다. 기후정의는 그 당사자들이 권력을 갖는 것이다. 우리가
길이고, 우리가 대안이 될 것이다.

2022년 9월 24일
924 기후정의행진

924 기후정의행진
본집회 발언문

김보림 _ 청소년기후행동

"국가의, 탄소 중독 기업의
구조적 책임이 지워지지 않도록
기후위기의 책임자를 분명히 드러냅시다."

2019년, 광화문과 대학로에서 기후변화로 인한 비상상황을 말하는 시민들의 움직임이 시작되었습니다. 그리고 3년이 지났습니다. 그동안 기후 운동의 주체들은 더 다양해지고 많아졌습니다. 이제 기후위기가 심각하다는 사실에는 모두가 동의합니다. 심지어 정부와 정치권에서도, 지금까지 국내 탄소배출의 절반 이상을 차지했던 기업들도 기후위기 문제를 자신들이 선도한다고, 함께 대응하자고 외칩니다. 이제 시민들도 기업도 정부도 모두가 다 함께 기후위기를 (입으로) 외칩니다.

그런데 기후위기 문제는 조금도 해결되지 않았습니다. 오히려 걷잡을 수 없는 속도로 더 심각해지고 있습니다. 모두가 기후위기를 막자고 외치지만, 우리는 여전히 안전한 일상을 보장받을 수 없습니다. 도대체 왜일까요? 우리의 절박함이 부족했기 때문인 걸까요?

기후위기는, 막대한 탄소를 배출하며 자본을 늘리고 그 자본을 유지하기 위한 구조를 유지한 것이 그 원인입니다. 지구 온도를 급격히 상승시킨 온실가스의 절반 이상을 배출한 건 지난 20년 동안입니다. 국내 온실가스의 64퍼센트를 상위 11개 기업에서 배출합니다. 기후위기를 유발한 사회는 이 시스템을 유지하기 위해 불평등과 착취의 구조를 더 견고히 이어 왔습니다. 정치는 이 구조를 옹호하고 열심히 대변하며 위기를 키워 왔습니다. 기후위기의 책임은 이렇듯 분명합니다. 이 말은 더 이상 지금의 체제로는 위기를 막을 수도, 안전한 일상을 보장할 수도 없다는 것을 명확하게 보여 줍니다.

기후위기를 유발한 정치, 자신들의 이익을 위해 탄소를 펑펑 배출하며 위기를 늘려 왔던 기업들은 기후위기 대응을 열심히 하겠다고 외치며 미래 세대를 호명해 왔습니다. 기후위기로 인한 영향이 재난이 되어 닥칠 때는 '취약 계층', '피해자'의 피해 사실에만 집중하며 이들에 대한 보상만을 언급해 왔습니다. 재난으로부터 불운한 개인을 구제하는 것처럼요. 다수의 국민들에게는 개인적 실천을 함께 해 달라고 말해 왔습니다. 이건 모두 국가가 개인에게 책임을 떠넘기고 구조적 문제를 지우는 데 사용한 방법들이었습니다. 정치는 그렇게 기후위기 대응을 의도적으로 실패해 왔습니다.

2020년 3월 13일 청소년기후행동은 대통령과 국회에게 한국의 저탄소 녹색성장 기본법에서 정한 온실가스 감축 목표가 기후위기를 막지 못한다며, 헌법상의 생명권, 평등권, 환경권, 인간다운 삶을 살 권리 등을 모두 침해한다고 말하며 기후 헌법소원을 청구했습니다. 그리고 2020년 10월 한국 정부는 기후위기를 막고 우리 아이들에게 건강하고 넉넉한 미래를 줘야 한다고 말하며 탄소중립을 대대적으로 선언했습니다. 같은 시기에 헌법재판소로는 저희의 헌법소원에 대한 대통령 의견서가 제출이 되었습니다. 정부는 해당 의견서를 통해 "기후위기로 인한 피해를 직접 받지 않았기 때문에 이 소송의 원고인 청소년 19명은 소송을 청구할 자격이 없다"며 "기후위기의 당사자라는 건 이들이 아닌 철강 산업 등일 것"이라며 "탄소를 배출해 오던 기업이 기후위기로 인해 탄소를 배출하지 못하게 되니 이들이 피해 당사자다"라는 주장을 했습니다. 여기에 덧붙여 "정부는 이미 필요한 최소한의 조치를 다했다"는 말을 더합니다. 그리고 2022년 현 시점, 상황은 더 나아지지 않았습니다.

피해는 특정한 사람들만의 일이 아닙니다. 기후위기는 너무 평범한 사람들 모두에게 거대한 영향을 미칩니다. 그리고 그와

동시에 더 취약한 사람들이 존재합니다. 예기치 못한 재난이든, 예정된 재난이든, 재난은 각자가 이미 가진 취약성의 크기에 따라 삶을 각기 다른 가혹함으로 흔듭니다. 모두가 당사자이지만, 기후위기로 안전한 사람은 없지만, 더 많은 피해를 더 빨리 받는 사람은 존재하는 것이죠. 그리고 이 모든 사람들은 대응 과정에 포함되지 못합니다. 할 수 있는 것이라고는 들어달라고 발버둥치거나 체념하는 것뿐입니다.

이제 기후위기는 불평등과 착취의 문제임을 모두가 더 크게 외칩시다. 국가의, 탄소 중독 기업의 구조적 책임이 지워지지 않도록 기후위기의 책임자를 분명히 드러냅시다.

기후위기라는 문제는 더 취약한 사람과 덜 취약한 사람이 있고 사회 양극화를 심화시키는 데 일조합니다. 그래서 우리는 더 취약한 사람들이 안전할 수 있도록 최소한의 조치를 취하라고 요구합니다. 이를테면 폐쇄되는 발전소의 노동자들, 농민이나 어민들, 주거 취약 계층 등. 우리의 전환이 누군가에게 또 다른 위기가 되지 않도록 고려하는 것이 정치의 역할이라고 말입니다.

개인이 아무리 노력해도 벗어날 수 없는 사회 개인의 취약성을 구조적으로 끌어올릴 수 있는 유일한 방법은 정부가 안전한 사회 안전망을 만들고 버티게 할 힘을 주는 것이기 때문에, 공공성과 안전망을 요구합니다.

재난이 닥쳤을 때 대피하지 못하는 사람들, 재난으로 집에서 머물라고 하지만 집이 위험한 이들. 단순히 이들을 불쌍한 사람이라 여기고 함부로 동정해서, 이들을 구제하기 위해서 기후위기 대응이 이루어져야 한다고 말해서는 안됩니다. 그건 시혜적인 행동이지, 동등한 관계에서 이뤄지지 않습니다. 당사자를 다시 한 번 피해자 또는 배려 대상으로 여길 뿐인 것이지요. 우리는 같은 당사자로서 그들의 취약성에 공감하고 연대해서 함께 변화를 외칠 수 있습니다. 변화는 그렇게 만들어 가야 하며 이번 9월의 행동은 관계를 다시 맺고 더 제대로 된 변화를 외치는 시작점일 것입니다. 배려의 대상, 혹은 동정의 대상, 피해자가 아닌, 그저 주체로서 존재하는 우리들의 목소리를 모으고 삶을 지킬 변화로 이어지도록 외쳐 주십시오.

지금까지 막대한 탄소배출로 착취와 불평등을 강화해 온 시스템이 아닌, 위기로부터 당사자의 삶을 지키는 변화를 요구합시다. 청소년기후행동도 함께 연대하겠습니다. 감사합니다.

박종현 _ 민주노총 공공운수노조 금화PSC지부

*"발전소에서 일하는 사람들은
정의로운 전환으로 노동자들이 걱정 없이 일할 수 있는
대책이 마련된 '폐쇄'를 바랍니다."*

안녕하십니까? 태안화력발전소에서 일하는, 발전소 비정규직 노동자 박종현입니다.

현재 지구는 많은 고통을 받고 있고, 그런 기후변화는 조금씩 나타나, 지금은 모든 생명을 위협하고 있습니다. 전 세계의 모든 국가들은 탄소중립을 외치며 목표치를 설정하고 탄소제로 시기도 결정하였지만, 그 안에서 일하는 저희 화력발전 노동자들에 대한 이야기는 단 한 줄도 없습니다.

탄소중립으로 인한 화력발전소 폐쇄에 실질적인 당사자인 노동자들의 문제에 대해서는 뚜렷한 대책 없이 폐쇄만 외치고 있는 상황입니다. 전국적으로 석탄화력발전소가 폐쇄되고 있는데, 그 안에서 일하는 노동자들은 어디로 가야 할까요? 사실상 석탄화력발전소들은 폐쇄 기한이 정해져 순차적으로 폐쇄되는 시한부나 다름이 없는 상황입니다.

지자체에서 진행하는 발전소 폐쇄 관련 일자리 논의 자리를 참여해 보면 돈과 시간을 들여서 참여하는 게 아까울 정도입니다. 화력발전소 현장에서 일하는 사람에 대한 이해는 고사하고, 폐쇄되는 발전소가 늘어날수록 충격이 커질 텐데 실업률 등 당장 눈에 보이는 수치에만 치중합니다. 아무 관련 없는 산업에 취업하거나 취업이 된다 하더라도 취업 이후 대책 또한 없는, 말 그대로 눈 가리고 아웅 하는 수준의 의견들만 있는 자리를 다녀오는 길은 항상 근심만 더해 올 뿐입니다.

그렇다고 발전소 현장에서 일하는 분들이 기후위기에 대해 남의 일이다 생각하는 게 아닙니다. 현장에서 일하는 분들은 부모님들이 농사를 지으셔서 피해를 입거나, 장마로 집이 수해를 입는 일 등 그때마다 심각함을 오히려 더 체감할 수밖에 없는 환경입니다.

다만 발전소에서 일하는 사람들은 정의로운 전환으로 노동자들이 걱정 없이 일할 수 있는 환경이 마련되고 대책이 마련된 '폐쇄'를 바랍니다. 감사합니다.

문애린 _ 전국장애인차별철폐연대

"장애인들은 기후재난 속에서 단 하루라도
인간다운 삶을 살고자 '장애인권리예산'을 요구하며
투쟁하고 있습니다."

안녕하세요! 저는 전국장애인차별철폐연대와 이음장애인자립생활센터에서 활동하고 있는 문애린입니다.

제가 이 자리에서 어떤 내용으로 발언을 해야 할지 고민이 많았습니다. 언뜻 생각해 보면 기후재난과 장애인과의 연관성이 없어 보일지 모르나, 조금만 살펴보면 코로나19 같은 질병과 얼마 전에 일어난 대홍수 속에 장애인들은 격리되거나 목숨을 잃는 등 더욱 처참한 삶들을 살아 내고 있습니다.

3년 전 처음 코로나가 발생했을 때 국가가 강제적으로 제일 먼저 장애인들이 거주하고 있는 시설과 병원 등을 '코호트 격리'를 발동시켜 방치했습니다. 그로 인해 실제로 청도대남정신병원에서 수십 명의 장애인들이 죽어 나갔으며, 여전히 코로나가 끝나지 않은 이 시점에도 장애인들은 신속하고 안전하게 치료를 받지 못하는 환경에서 하루하루를 버티고 있습니다. 비단 코로나뿐만이 아니라, 지난 8월 이상 기후로 발생한 폭우에도 장애인과 그의 가족이 사망하는 사건이 일어났습니다.

이렇듯 기후재난을 통해 국가와 사회는 더욱더 장애인들을 가둬 두려 하고 있으며, 시설과 방구석에서 죽게 내버려 두고 있습니다. 장애인들은 기후재난 속에서 단 하루라도 인간다운 삶을 살고자 윤석열 대통령에게 '장애인권리예산'을 요구하며 9개월째 지하철 타기 투쟁과 오늘로서 114일째 삭발 투쟁을 이어 가고 있지만 불통으로 돌아오고 있습니다.

앞으로 기후재난이 더 심해질 거라고 합니다! 하지만 저희는 단 하루라도 여러분들처럼 보통의 삶을 살고자, 장애인의 삶에 대해 무관심과 무지함과 무시를 보여 주는 이 나라 정부와 정치인들에게 외칠 수밖에 없습니다! 그 외침에 여러분들도 함께해 주시기 바랍니다.

하태성 _ 삼척석탄화력발전소반대투쟁위원회

> *"조금만 불편해집시다.*
> *불편함을 감내하고 불의에 분노합시다.*
> *이웃의 고통을 모른 체하지 맙시다."*

삼척석탄화력발전소반대투쟁위원회 상임대표를 맡고 있는 하태성입니다. 기후위기를 극복하고 불평등을 해소하기 위하여 큰 걸음을 내딛으신 여러분께 기후위기 극복과 기후정의 동맹, 차별 철폐 연대의 마음을 담아 인사드립니다.

블루파워석탄발전소가 건설 중인 삼척은 수도권에 빚진 것도 없는데 에너지를 대 주기 위해 서로를 헐뜯고 비난하고 반목하며 아수라의 세상과 마주하고 있습니다. 정치인들은 입만 열면 더 나은 수도권, 더 살기 좋은 수도권을 부르짖으며 지역의 특별한 희생을 강요합니다.

이미 수도권은 남한의 인구 절반을 차지하고 에너지의 절반을 소비하는 곳입니다. 이것을 해결하지 못한다면 기후위기,

기후재난 극복은 난망합니다. 도시 과밀화는 기후위기를 가속화하고 절멸의 시대로 내달리는 폭주 기관차입니다. 이것을 내버려 두고 기후위기, 기후재난을 이야기하는 것은 어불성설에 지나지 않을 것입니다.

우리는 20세기를 기점으로 지난 만 년 동안 사용한 화석연료보다 훨씬 더 많은 에너지를 21세기에 소비해 왔습니다. 이는 불편함을 견디지 못하는 데 있습니다. 더우면 에어컨을 켜고 추우면 보일러를 돌리고 아무렇지도 않게 미래의 자원을 도둑질해 왔습니다. 그리고 오직 경쟁과 효율이라는 미명하에 마구마구 소비해 왔습니다. 자본주의가 명령하는 대로 잘살아야 한다는 욕망을 먹어 치우고 살찌웠습니다. 최근 몇 년 동안 예측할 수 없었던 가뭄, 산불, 집중호우와 홍수, 크기와 횟수를 짐작할 수 없는 수많은 태풍은 기후위기가 극복할 수 없는 임계지점에 와 있다는 것을 말해 줍니다. 이로 인해 가난한 지역 주민들의 희생의 규모는 커지고 횟수는 빈번해지고 있습니다.

돌이켜보면 지금의 기후재난은 이웃에 대한 무관심으로부터 출발했다고 생각합니다. 아프리카의 가뭄, 호주와 캘리포니아의 산불, 유럽의 폭염과 가뭄은 다른 사람들의 문제라고 생각했습니다. 국지적인 문제이며 나와는 상관없는 일이라 등한시해 왔습니다. 삼척 맹방해변의 침식 또한 수도권의 전기 공급을 위한 공사에서 비롯된 재난인데, 보이지 않고 들리지 않아 모르쇠로 일관해 왔습니다.

우리가 무관심할 때 대한민국 일류 기업이라고 하는 삼성, 포스코는 엄청난 이윤을 챙기고 있고, 우리가 무관심한 틈을 타 마치 자신들이 기후위기 극복의 선봉에 선 것처럼 떠벌리고 있습니다. 그들은 입만 열면 기후위기 극복을 위해 재생에너지 사용을 늘린다고 합니다. 하지만 말잔치에 불과합니다. 그들이 진짜 원하는 것은 지역의 균형 발전이 아니라 특별한 지역의 특별한 희생입니다. 대통령, 국회의원 모두가 지역의 특별한 희생을 통한 대도시의 안락한 삶을 꾸리는 데 열을 올리고 있습니다.

이러한 것들이 단지 쾌적함과 편리함을 위한 것이라면 우리는 지금 당장 실천해야 합니다.

우리는 아파트 평수를 늘리고 고층 아파트에서 살기를 소원하고 커다란 냉장고의 신선한 음식으로 배를 채우면서 기후위기, 기후재난을 이야기합니다.

전기를 사용할 때마다 핵발전소, 석탄발전소가 집집마다 방안에서 돌아간다면 당장 아파트 평수를 줄이고 냉장고 코드를 뽑을 것입니다. 하지만 우리가 쓰는 전기에는 방사능 물질도 없고 이산화탄소도 나오지 않습니다. 또한 핵연료봉을 만질 필요도 없고 석탄가루를 뒤집어쓰고 어두컴컴한 컨베이어 벨트를 혼자서 점검할 필요도 없습니다. 이런 노동은 오로지 보이지 않는 곳, 특별한 곳에서 우리가 모르는 이웃들이 하는 일이니까요. 그런 희생이 부자 국가를 만들고 복지국가를 만들었습니다.

우리는 조상의 것은 물론이고 우리 아들딸의 몫까지 마구마구 도둑질하고, 영구적으로 해결할 수 없는 오염된 땅과 대기, 바다를 만들고 있습니다. 남의 물건을 훔치는 것만 도둑질일까요? 우리 미래 세대들의 삶을 온통 망치고 있는 우리의 삶이 진짜 도둑질이 아닐까요?

절멸의 지구를 구하는 길은 먼 곳에 있는 것이 아닙니다. 조금만 불편해집시다. 불편함을 감내하고 불의에 분노합시다. 이웃의 고통을 모른 체하지 맙시다. 그 길에 삼척석탄화력발전소 반대투쟁위원회도 함께하겠습니다.

제발 몰염치의 세상과 결별하고, 남의 고통에 침묵하는 겁쟁이는 되지 맙시다. 지금까지 도둑질한 미래 세대의 것을 조금이라도 아껴 쓰기 위해서라도 불편함을 견딥시다. 그 길에 함께하겠습니다.

삼척석탄화력발전소 건설 중단을 위해 삼척에서 6백여 일 가깝게 삼척우체국 앞에서 선전전을 진행하고 있으며, 지난

9월 1일부터는 탈석탄법 재정을 위한 오만 입법 청원을 진행 중입니다.* 함께해 주십시오. 감사합니다.

---

* 탈석탄법 국회 입법 청원은 마감일을 이틀 앞두고 5만 명을 채워 성공적으로 이루어졌다. 기후정의행진이 진행된 이후 단 3일 만에 3만 5천여 명의 시민들이 추가로 서명하면서 만들어 낸 성과이다. 기후정의행진을 통해 고양된 기후 시민들의 힘을 실감하는 순간이었다.

박용준 _ 한살림생산자연합회

> *"기후위기는 농업의 위기, 생명의 위기입니다.*
> *이 위기의 심각성은 지금 바로 우리 앞에 와 있고,*
> *이 위기를 극복하기 위해 우리는*
> *당장 실천해야 합니다."*

안녕하세요? 한살림생산자연합회 회장 박용준입니다.

한살림은 농업을 기반으로 생산자와 소비자가 서로 협력하여 건강한 먹을거리를 생산하고 공급하고 소비하는 생명운동 단체입니다. 농업을 살려야 밥상도 살리고 환경도 살릴 수 있습니다. 여러분도 알다시피 농업은 그 나라 식량 안보와 국민의 생명을 책임지는 공공적 가치이자 자산입니다. 아무리 천대받고 무시당해도 농업은 생명을 살리는 산업입니다.

그러나 기상이변으로 농사짓기가 무척 어렵습니다. 매년 반복되는 폭염과 가뭄, 폭우와 태풍으로 벼와 채소류 필지가 침수되고, 시설하우스가 무너지며, 과수 낙과로 큰 피해가 발생합니다. 또 계속되는 장마로 작물의 생육 부진, 수확 부진 등은 매년 반복되고 있고, 피해 상황은 특정 작물을 가리지 않습니다. 이러한 상황을 어떻게 극복하고 적응해야 할지 고민은 끝도 없습니다.

농촌은 농업 인구 감소와 고령화, 일손 부족으로 인해 농촌 소멸이라는 위기에 직면해 있고, 여기에 더해 기후위기로 농업은 치명적이고 직접적인 큰 피해를 보고 있습니다. 이러한 상황을 그저 손놓고 보고만 있을 수는 없습니다. 농민 스스로가 절박한 심정으로 농업과 먹을거리 주권을 지켜 내고자 여러분들과 함께 여기에 모였습니다.

기후위기는 농업의 위기이자, 생명의 위기입니다. 이 위기의 심각성은 지금 바로 우리 앞에 와 있고, 이 위기를 극복하기 위해서 우리는 당장 실천해야 합니다.

우리 농민이 앞장서겠습니다. 농업도 환경을 살리는 농업으로 전환하고, 에너지를 덜 쓰는 삶을 실천하겠습니다. 여기 모인 여러분들과 함께 기후위기에 대응하는 실천적인 삶을 조직합시다.

뿐만 아니라 국가 제도와 시스템을 바꿔야 합니다. 그러기 위해서는 정치인을 교체해야 합니다. 기후위기의 심각성을 이해하고 에너지 전환 사회로 나아가는 데 열정이 있는 정치인을 국회로 보냅시다.

우리 아이들에게, 우리 후손들에게 죽어 가는 지구를 물려줄 수는 없습니다. 기후위기에 맞서기 위해서 다시 촛불을 듭시다. 촛불시민혁명으로 기후정의행동에 나섭시다. 감사합니다.

양경수 _ 민주노총

> *"기후위기 대응, 정부와 자본가가 아니라*
> *노동자와 시민이 함께 나서자!"*

기후위기 대응, 정부와 자본가가 아니라 노동자와 시민이 함께 나서자!

기후정의행진에 참여한 시민 여러분, 민주노총 결의대회를 마치고 이 자리에 참여한 조합원 여러분, 반갑습니다. 민주노총위원장 양경수입니다.

시간이 지날수록 기후위기의 심각성이 더해지고 있고, 기후위기를 극복하기 위한 노동자, 시민들의 열망과 노력도 커지고 있습니다. 기후위기가 공론화되고 위기 해결을 위한 전지구적 노력이 시작된 지난 20여 년의 경험에서 깨달은 것은 이 문제의 해법을 국가와 정치인들에게만 맡겨 둬서는 안 된다는 것입니다.

기후위기 해결을 위한 전 지구적 협력이 더욱 절실해진 시기에 지금 세계는 신냉전 대결과 전쟁으로 치닫고 있습니다. 2008년 이후 자본주의의 위기와 체제 전환의 목소리가 분출했지만 불평등 양극화 체제는 더욱 공고해지고 있습니다.

한국은 기후위기 대응에서 가장 후진적이고 무책임한 나라로 지탄받고 있습니다. 기업의 이윤을 침해하지 않는 소극적 수준으로 탄소중립 정책을 수립한 데 이어, 이제는 기후위기 대응조차도 규제 개혁의 명목으로 기업 경영 활동을 우선에 두는 정책으로 역주행하고 있습니다.

위기는 전 인류적 과제이지만 재앙의 수준과 결과는 사회·정치적 약자에게 집중되어 나타납니다. 경제 위기가 노동자의 실업과 서민의 생활난으로 집중되듯이, 기후위기 또한 노동자의 일자리에 대한 위협과 서민의 건강과 생명에 대한 위협으로 나타납니다. 민주노총이 정부의 경제정책, 노동정책 전환과 함께 기후위기 정책 전환을 요구하는 이유입니다.

민주노총은 기후정의행진에 대한 조직적 참가를 시작으로 시민들과 함께 기후재난을 막고 기후정의를 실현하기 위한 사업과 투쟁을 본격적으로 전개해 나가겠다는 결의를 밝힙니다. 감사합니다.

황분희 _ 월성원전인접지역 이주대책위원회 부위원장

"핵발전소 인근에 사는 주민들의 아픔을 보라.
피해자는 있는데, 책임자는 없다."

기후위기를 해결한다면서 핵발전소를 늘리는 것은 말이 안 된다. 핵발전으로 인한 지구 오염은 생각 안 하는가? 앞만 보고 과정과 결과는 생각하지 않겠다는 소리인 것이다.

핵발전은 위험할 뿐만 아니라, 정의롭지도 않은 방식이다. 위험한 핵폐기물을 처리할 방법도, 장소도 없는 상태에서 핵발소를 더 짓겠다는 것은 미래로 책임을 넘기는 일이다.

핵발전소의 수명을 연장한다고 하는데, 이는 더 위험하다. 핵발전소 인근에 사는 주민들의 아픔을 보라. 피해자는 있는데, 책임자는 없다.

아마루 토레즈 _ 니카라과 농업노동자연합(ATC) / 비아캄페시나

중앙아메리카 지역 기후 대표

> "정의로운 전환이 필요합니다.
> 자연과 천연자원, 우리의 식량, 우리의 노동,
> 우리의 미래, 다음 세대를
> 단지 상품으로 취급하도록 허용하지 맙시다."

En representación de La Vía Campesina, un movimiento que reúne a millones de campesinos, trabajadores sin tierra, Indígenas, pescadores artesanales pequeños y medianos agricultores de todo el mundo,

전 세계 수백만 명의 소농, 무토지 농민, 선주민, 소규모 어민, 중소 농민의 조직, 비아캄페시나를 대표하여

y en nombre de los sindicatos de trabajadores tanto de la ciudad como del campo, que nos han invitado y en nombre de todos los que nos preocupamos por nuestro planeta y por el futuro de nuestros hijos quería compartir este mensaje:

우리를 이곳에 초대한 노동조합과 농민 단체, 그리고 지구와 다음 세대의 미래를 걱정하는 모두를 대신해서 이런 이야기를 하려고 합니다.

Nunca vamos a poder solucionar el problema climático con el mismo pensamiento que lo ha originado.

기후위기를 불러일으킨 이들과 똑같은 생각으로는 문제를 해결할 수 없습니다.

Toda solución que se proponga utilizando la misma lógica que ha acelerado la contaminación de nuestros suelos, la deforestados nuestros bosques

y la criminalización de quienes se oponen a este sistema basado en la dependencia, el lucro y crecimiento ilimitado en un planeta cuyos recursos son limitados, está condenada al fracaso.

땅의 오염, 산림 파괴, 강제 주민 이전을 가속화한 것과 똑같은 논리를 이용한 해법이나, 자원이 한정된 지구에서 무한한 이윤과 성장을 이루려는 체제에 도전하는 이들을 탄압하고 처벌하는 것도 마찬가지입니다.

Necesitamos de cambios reales que estén pensados no solo en mitigar las consecuencias, si no en modificar las causas estructurales que nos han llevado a esta emergencia climática,

단지 기후위기의 효과를 완화시키는 것에 그치는 것이 아니라, 기후 비상사태를 유발한 구조적 원인을 해결하는 진정한 해법이 필요합니다.

¡Necesitamos soluciones reales, necesitamos un cambio de sistema!

진정한 해법, 바로 체제 전환이 필요합니다!

Necesitamos de una transición justa en la cual tanto trabajadores, campesinos, pueblos indígenas, y sociedad civil sean partícipes en la toma de decisiones

정의로운 전환이 필요합니다. 노동자, 농민, 선주민, 시민사회가 결정 과정에 참여할 수 있어야 합니다.

y no solo las grandes corporaciones y los gobiernos que representan sus intereses quienes deciden nuestro futuro.

대기업이나 정부 대표만 모여 우리의 미래를 결정해서는 안 됩니다.

Mantengámonos firmes en nuestras demandas, no permitamos que la naturaleza, sus recursos naturales, nuestros alimentos, nuestro trabajo, nuestro futuro y el de nuestros hijos sean negociados como una mercancía más.

우리의 요구를 분명하게 세우고, 자연과 천연자원, 우리의 식량, 우리의 노동, 우리의 미래, 다음 세대를 단지 상품으로 취급하도록 허용하지 맙시다.

¡Globalicemos la lucha, Globalicemos la esperanza!

투쟁을 세계화하자! 희망을 세계화하자!

통역·번역 _ 류미경(민주노총 국제국장)

이재임 _ 빈곤사회연대

"빈곤을 만들어 내는 뿌리와
기후위기를 만들어 낸 뿌리는 닮아 있다."

 2022년 8월 수도권을 중심으로 내린 기록적인 폭우로 인해 반지하 주택에 거주하던 일가족이 사망하는 안타까운 참사가 일어났다. 이후 빈곤사회연대는 재난불평등추모행동에 함께하며 시민들과 함께 추모의 마음을 모으고, 불평등한 재난 피해를 더 이상 반복하지 않도록 근본적인 대책 마련을 요구했다.

 소위 '기후 취약 계층'은 폭염과 폭우, 혹한기마다 언론에 조명되곤 한다. 반지하를 비롯해 고시원, 쪽방 등 집답지 못한 집에 사는 주거 빈곤층, 거리에 사는 홈리스가 겪는 피해의 모습이 매년 보도되지만, 이에 대해 책임당국이 내놓는 대책은 너무나 편협하고 표피적이다. 이번 폭우 참사 이후 서울시와 정부는 반지하를 없애겠다, 또 대규모 개발과 주택 공급을 통한 대책을 마련하겠다며 이미 심각한 주거 불평등을 더욱 악화시키는 계획만을 반복했다. 안전을 보장할 수 있는 최소한의 공간으로서의 집이 누구에게나 보장되어야 한다는 긴급한 요구에도 불구하고, 설상가상으로 정부는 내년도 공공임대주택 예산을 5조 7천억 넘게 삭감하겠다는 계획을 발표했다. 올해 대비 30퍼센트나 삭감된, 역대 최고 폭의 삭감이다.

이러한 배경이 '기후 취약 계층'의 문제를 단순히 기후의 문제로만 풀어낼 수 없는 것을 보여 준다. 기후정의운동에 있어 한국 사회 불평등의 핵심 고리 중 하나인 부동산, 주거 불평등 문제를 함께 말해야 하는 이유다. 빈곤을 만들어 내는 뿌리와 기후위기를 만들어 낸 뿌리는 닮아 있다.

기후위기의 그럴싸한 해법으로 이와 같은 대규모 개발의 논리가 등장한다. 정부와 기업에서 내놓는, 에너지 효율이 좋은 친환경 주택을 새로 더 많이 건설하겠다는 주장들이 그렇다. 하지만 이런 주장이 지금까지 한국 사회에 있어 온 부동산 논리를 그대로 답습하는 한 기후위기는 결코 해결될 수 없다. 오래된 주택가를 밀어 없애고, 저렴한 주거지가 고가의 아파트 단지로 변해 가고, 인구보다 집이 더 많아지지만 그 집을 소유하지 않거나 비용을 감내할 수 없는 사람들은 결국 도시 밖으로 밀려나는 불평등을 이제 끝내야 한다.

오늘 이 자리에서 함께 기후정의를 말하는 우리는, 허물고 쌓아 올리길 반복하며 막대한 건축 폐기물만 양산해 내는 그동안의 개발 방식은 이제 아무런 정당성이 없다고 입 모아 주장할 수 있으면 좋겠다. 사람이 살 집을 만드는 개발이 아니라, 막대한 이윤을 소수가 독점하는 대규모 토건 개발만 반복해 왔던 세상을 이제 끝내야 한다고 주장할 수 있으면 좋겠다.

매년 10월 첫째 주 월요일은 유엔이 지정한 '세계 주거의 날'이다. 전 세계적으로도 심각한 주거 불평등 문제에 주목할 것을 촉구하고 있다. 10월 1일 토요일, 빈곤사회연대를 비롯한 주거권 운동 단체는 재난 불평등, 주거 불평등에 잠기는 우리의 주거권 보장을 요구하는 행진을 준비하고 있다. 집을 소유하지 않아도 안정적으로 거주할 수 있는, 그로 인해 안전을 보장받을 수 있는 사회가 바로 기후정의라는 믿음으로, 공공임대주택 확대와 세입자 권리 강화, 재개발·재건축 규제 완화 중단 등을 요구하고 있다. 기후위기에 대한 불안을 함께 이야기하고, 기후위기를 만들어 낸 불평등을 함께 말하겠다. 우리의 목소리로부터 이 사회의 변화를 함께 만들어 가자.

김지은 _ 새만금신공항백지화공동행동

"대규모 자연 파괴와 생태 학살을 용인하는,
기후 붕괴를 불러온 주범인
이 자본주의 체제를 철폐하지 않으면
붕괴를 멈출 수 없습니다."

새만금신공항을 짓겠다는 부지는 미군의 군산공항 바로 옆에 있는 수라갯벌입니다. 수라갯벌은, 지난 30년간 진행되어 온 새만금 간척사업이라는 최악의 생태 학살에서 매립되지 않고 남아 있는 마지막 갯벌이자 대규모 염생식물 군락을 이루고 있는 염습지입니다. 멸종위기종을 비롯한 새만금의 마지막 생명들이 수라갯벌에 와서 귀한 목숨을 이어 가고 있습니다.

그런데 이 미안한 생명들의 마지막 터전마저 모조리 빼앗아 공항을 짓겠다고 합니다. 그것도, 항공 수요가 없어 매년 30억, 40억 원의 적자를 누적시키고 있는 군산공항이 있음에도 불구하고 바로 옆에 필요하지도 않는 공항을 또 짓겠다고 합니다.

이것은, 있는 공항도 줄이고, 간척한 갯벌을 복원해도 부족한 절체절명의 기후·생태계 붕괴 위기 앞에 오히려 붕괴를 가속하는 범죄입니다. 게다가 귀한 혈세를 미군의 제2활주로 건설과 토건자본에 갖다 바치는 사업에 다름 아닙니다.

지역균형발전이라는 허구로 위장하고 국책사업이라는 명목으로 자행되는, 자본과 정치권력의 생태 학살과 국토 파괴, 미군의 전쟁 기지 확장을 더 이상 내버려 둘 수 없습니다. 하나밖에 없는 공동의 생존 토대를 스스로 붕괴시키고 있는 범죄자들에게 우리의 마지막 시간을 맡길 수 없습니다. 그들은 결코 이 파괴와 착취를 스스로 멈출 수 없습니다. 대규모 자연 파괴와 생태 학살을 당연한 것처럼 무한정 요구하고 용인하는 자본주의 체제, 기후 붕괴를 불러온 주범인 이 자본주의 체제를 철폐하지 않으면 붕괴를 멈출 수 없습니다.

이제 착한 소비자로 살아가는 개인의 실천을 넘어 그 소중한 노력을 어디로 다시 돌려야 하는지, 우리의 분노가 어디로 향해야 하는지 직시하고, 문제의 근원인 자본주의를 철폐하는 힘으로 결집해야 합니다.

지금 우리에게 필요한 건 캠페인이 아니라 혁명입니다. 혁명하자고 하니까 어떤 분들은 무섭다고 합니다. 저는 이 끔찍한 자본주의 세상에 사는 게 더 무섭습니다. 자본주의는 결코 당연하지 않습니다. 고정불변한 절대적 진리가 아닙니다. 우리는 누구도 자본주의를 선택해서 태어나지 않았고, 어쩌다 태어나 보니 자본주의 세상이었을 뿐입니다.

그 세상이 잘못되었다면 폐기하고 새로운 세상을 만들어 내는 것이 우리의 마땅한 권리이자 존엄입니다. 서로 용기 내어, 기후 붕괴와 자본주의를 넘어 착취와 억압이 없는 새로운 세상을 만들어 냅시다.

발언할 기회를 주시고, 들어 주셔서 고맙습니다.

924 기후정의행진 차량 발언문

구김본희 _ 푸른꿈고등학교

> "지금 우리의 모습은 제 발로
> 기후재앙의 속으로 걸어가고 있는 모습입니다. 하지만
> 이런 상황을 해결하려는 사람은 너무 적습니다."

안녕하세요. 푸른꿈고등학교 2학년에 재학 중인 구김본희입니다. 기후재앙이 우리들의 코앞으로 다가왔습니다. 아니면 우리가 기후재앙의 코앞으로 다가간 것일 수도 있겠죠.

저는 요즘 앞으로 제가 살아갈 미래를 많이 상상합니다. 제가 원하는 직업을 가지고 행복하게 살아가는 미래를 말입니다. 하지만 미래를 상상하면 할수록 환경 문제를 배제하고는 얘기할 수 없습니다. 이미 기후위기는 피부로 느껴질 정도로 내 곁에 있기 때문입니다. 제가 살아갈 미래에는 더욱 심각한 문제가 되어 있을 기후위기를 먼저 생각하느라, 내가 하고 싶은 것을 마음껏 상상하고 준비해야 할 나이에 그러지 못하는 상황인 것입니다. 저는 더 이상 이런 생각을 하지 않고 걸림돌 없이 우

리의 미래를 생각할 수 있도록 세상이 바뀌어야 한다고 생각합니다.

앞서 말했듯이 지금 우리의 모습은 제 발로 기후재앙의 속으로 걸어가고 있는 모습입니다. 하지만 이런 상황을 해결하려는 사람은 너무 적습니다. 모두가 살 수 있도록 대책을 마련해야 할 나라들은 경제와 전쟁 얘기만 하며 자신의 이권만을 챙기려 하고 있습니다. 기후위기 속에서도 살아갈 힘이 있는 사람들은 환경 문제는 '나중에'라는 말로 미루고 있거나 심지어 아예 무시하며 더 환경을 파괴하고 있습니다. 그저 자본의 밝은 빛에 눈이 멀어 자원을 무지막지하게 사용하고 그 후의 책임은 아무도 지지 않고 있습니다. 게다가 이런 기후위기의 피해는 모두 약자들에게 돌아가고 있습니다. 가난한 나라의 사람들이 먼저 죽어 가고, 반지하에 사는 약자들이 먼저 죽어 갑니다. '나만 아니면 돼'라는 자본주의 논리 속에서 재앙에 대항할 힘이 없는 사람만이 죽어 가고 있습니다. 정작 이 기후위기의 많은 부분에 영향을 미친 사람들은 에어컨이 빵빵하게 틀어진 집에 살고요. 이게 정말 같은 인간이 살아가는 모습인가요?

저는 사회에 나가 약자가 될 가능성이 아주 높은 사람입니다. 저에겐 물에 잠기지 않을 집을 살 돈이 없고, 안정적인 직업을 가져서 매번 전기세를 낼 수 있을지도 잘 모르겠습니다.

그래서 모두에게 말하고 싶습니다. 지금 바로 시작해야 합니다. 지금 바로 탄소배출을 줄이고 쓰레기 배출을 줄여서 모두가 조금 더 안전하게 살 수 있는 지구를 늦기 전에 만들어야 합니다. 기후재앙으로 걸어 들어가고 있는 발걸음을 돌려서 안전한 지구로 돌아가야 합니다.

앞으로 함께 살아갈 사람들에게 요구합니다. 정부는 친환경 정책을 추진하고, 환경을 오염시키는 기업을 규제합시다. 기업은 환경을 오염시키는 사업을 중단하고, 지금까지 본인들이 배출한 탄소와 쓰레기에 대한 책임을 집시다. 시민들은 과도하게 소비를 유도하는, 소비에 대한 전체적인 프레임을 다시 한번 생각해 보고 정부와 기업이 바뀔 수 있도록 행동합시다. 우리의 미래가 아닌 현재를 위해 모두가 함께합시다. 감사합니다.

오준호 _ 기본소득당

> *"기후정의의 깐부, 기본소득을 실현합시다.*
> *탄소세와 횡재세를 도입합시다."*

기후 시민 여러분, 반갑습니다. 기본소득당 공동대표 오준호입니다.

여러분, 북극곰하고 직접 마주쳐 본 적 있나요? 없을 겁니다. 그런데도 우리는 기후변화 하면 북극곰을 먼저 떠올립니다. 즉 기후변화는 얼마 전까지도 먼 북극에 사는 북극곰이 겪는 일이었다는 겁니다.

지난달 서울에 폭우가 내렸습니다. 많은 전문가들이 기후변화가 그 원인이라 합니다. 반지하 일가족이 돌아가시고 수많은 시민들의 집과 차가 침수됐습니다. 이들은 우리가 서울 시내에서 만났을지도 모르는 사람들입니다. 기후변화는 우리가 한 번 만난 적 없는 북극곰의 문제가 아니라 동료 시민과 우리 자신의 문제입니다. 우리 자신을 구하기 위해 뭔가 해야 합니다. 그래서 오늘 기후정의행진에 모였습니다. 맞습니까?

그런데 우리가 모인 건 단지 온실가스 감축 때문만은 아닙니다. 끊임없이 온실가스를 배출하게 만드는 지금의 경제 시스템이 기후재난의 근본 원인입니다. 우리는 부정의한 기후 체제를 기후정의 체제로 바꾸자고 모였습니다.

기후부정의 체제의 핵심은 불평등입니다. 세계 소득 상위 10퍼센트의 사람들이 온실가스 배출의 50퍼센트를 차지하고, 소득 하위 50퍼센트가 배출하는 온실가스는 10퍼센트에 불과합니다. 가장 많이 배출하는 이들은 큰 이익을 얻고, 가장 적게 배출하는 이들은 온난화 피해를 가장 크게 입습니다.

기후부정의 체제를 그대로 두고 온실가스만 줄이자는 건, 방청소는 하지 않으면서 나오는 벌레만 잡겠다는 것입니다. 그래서는 안 되겠지요? 기후부정의 체제를 그냥 두고 녹색만 칠하는 그린워싱이 판을 칩니다. SK는 '탄소중립 휘발유'를 팔고 있는데 석유 정제 과정에서 배출한 온실가스만큼 배출권을 사온다는 겁니다. 심지어 더 비쌉니다. 이런 말장난이 통한다면 친환경 핵무기란 말도 가능할 것입니다. 여기에 폭탄 떨구고 저기에 집을 지어 주면 되지 않습니까? 이런 말장난을 계속 두고 봐야 합니까?

윤석열 정부는 기후위기에 대한 인식이 아예 없습니다. 자유를 그렇게 좋아하면서 기후재난 피해로 시민의 자유가 침해당하는 상황에서 기후변화는 한 번도 언급하지 않았습니다. 윤석열 정부는 문재인 정부가 제시한 2030년 에너지 수급계획에서 신재생에너지 비중을 대폭 깎고 핵발전 비중을 높였습니다. 그에게 기후변화는 핵발전 세일즈 기회이고 신재생에너지는 정쟁의 소재일 뿐입니다. 권력과 자본이 깐부가 되어 탄소배출 슈퍼랭킹 기업과 핵마피아들의 이익을 챙기고 온실가스 감축 책임 앞에는 멍 때리고 있습니다. 이 기후부정의 체제를 민주적인 기후정의 체제로 바꿉시다.

그렇다면 기후정의의 깐부는 누구겠습니까? 바로 기본소득입니다. 누가 이렇게 말합니다. "남들은 종말이 걱정이라는데 나는 월말이 걱정이다." 지금의 성장주의 체제에선 더 빨리, 더 많이, 더 오래 일해야 일자리와 소득이 보장됩니다. 기본소득이 있으면 임금노동에 덜 의존하고 노동시간을 줄일 수 있습니다. 화석연료에 덜 의지하는 방향으로 일과 삶을 전환할 수 있습니다.

정의로운 전환을 위해서도 기본소득이 있어야 합니다. 지금 정부와 자본의 전환 계획에는 전환의 당사자가 없습니다. 석탄화력발전소 노동자들과 지역 주민은 고용 불안에 시달립니다. 기본소득은 이들에게 기본 생활 수단을 보장하면서 정의로운 전환의 주체가 되도록 도울 것입니다.

기본소득당은 기후정의를 위해 기본소득을 꼭 실현하겠습니다. 그리고 기후정의를 위한 두 가지 정책인 탄소세, 횡재세를 반드시 도입하겠습니다.

탄소 가격이 너무 싸서 기업들이 온실가스 배출을 줄이지 않고 있습니다. 정부에서 나온 보고서도 탄소배출 1톤당 가격을 4만 원 이상 매겨야 2030 감축 목표를 달성한다고 합니다. 한국은 현재 2만 원가량입니다. 탄소세를 부과해 기업의 온실가스 배출에 정당한 책임을 물리고, 그 세수는 기본소득으로 지급하여 서민의 부담은 덜어 드리겠습니다.

횡재세는 영어로 윈드폴 택스windfall tax입니다. 바람 불어 과일이 뚝 떨어져 그 밑에 지나가던 사람이 횡재를 했다면 그 과일을 혼자 독차지해선 안 됩니다. 올해 정유사들의 상반기 영업이익이 14조에 달합니다. 기름값이 치솟아 서민이 고통당하는 동안 정유사는 기록적 수익을 올렸습니다. 그 이익은 우크라이나-러시아 전쟁, 정부의 유류세 인하 조치 등 외부 요인에 따른 초과 이득입니다. 이익의 일부는 공동체에 되돌려야 마땅합니다. 유류세를 깎아 주는 방식은 화석연료 사용을 줄일 수 없고, 가진 사람들이 더 많이 혜택을 봅니다. 그보다는 대기업 횡재 이익을 세금으로 걷어 에너지 전환과 에너지 취약 계층

지원에 쓰는 것이 바람직합니다. 횡재세는 이미 영국, 독일, 프랑스 등에서 시행되고 있습니다.

며칠 전 유엔총회에서 구테흐스 유엔 사무총장도 "지구가 불타고 가계부가 쪼그라드는데 화석연료 업계에 보조금 줘서 수천억 달러 횡재 이익을 올리게 하는 것은 잘못"이라면서 선진국은 화석연료 회사에 횡재 이익 세금을 부과하라고 권고했습니다. 윤석열 대통령은 통역기도 없이 열심히 박수 치던데, 알아듣고 박수 친 거라 믿겠습니다. 박수 쳤으면 할 일을 하십시오. 용혜인 기본소득당 의원이 발의한 횡재세 도입에 협조하십시오.

중국 맹자는 "희생 제물을 바쳐 제사를 드려도 홍수나 가뭄이 멈추지 않으면, 사직을 뒤엎고 새로 세워야 한다"고 했습니다. 온실가스 배출을 멈추지 못하는 현재의 기후부정의 체제를 조금 고쳐 쓰는 것이 아니라, 민주적이고 평등한 기후정의 체제를 만듭시다. 기후정의의 깐부, 기본소득을 실현합시다. 탄소세와 횡재세 도입합시다. 기후재난 없는 세상, 모두의 존엄함이 보장되는 사회를 기본소득당은 여러분과 함께 만들겠습니다. 감사합니다.

김예원 _ 녹색당

> *"기후위기를 극복하기 위해*
> *오답투성이인 경제 체제를 포함한*
> *사회 전반의 전환이 필요합니다."*

녹색당이 길이고, 녹색당이 대안이다.

안녕하십니까! 녹색당의 공동대표 김예원입니다. 전국 각지에서 기후위기에 대응하기 위해 이곳까지 모여 주신 여러분들, 너무나 반갑습니다.

기후위기는 지금 바로 여기에 있습니다. 기후의 경고를 가장 빠르게 발견했던 농민과 노동자는 물론이고 모든 사람들의 일상 한가운데 기후위기가 있습니다. 미래의 일, 타국의 일이 아니라 지금 바로 대응해야 하는 우리 모두의 위기입니다. 전 세계 이산화탄소 배출량을 토대로 산업화 이전 대비 지구 온도가 1.5℃ 상승하기까지의 시간을 보여 주는 '탄소 시계'는 복구 불가능한 지점에 이르기까지 우리에게 남은 시간이 7년이라고 경고하고 있습니다.

올 여름 전국을 침수시킨 집중호우의 또 다른 이름은 '기후위기', 영남지역을 강타한 거센 태풍 힌남노의 또 다른 이름은 '기후위기'입니다. 폭염과 폭우, 태풍 힌남노, 이로 인해 침수되고 멸종되는 모든 생명과 집터가 바로 모두 '기후위기'입니다. 턱 밑까지 차오른 기후위기를 더 이상 외면할 수도, 방치할 수도 없습니다.

기후위기는 차별받던 생명들이 더욱 배제될 수밖에 없도록 만듭니다. 물류 플랫폼과 탄소배출, 변화한 기후 때문에 농사를 망칠 수밖에 없는 농민들, 폭염과 혹한을 견뎌 내야만 하는 쪽방촌 거주자들, 한파 속에서 죽어 가는 이주노동자들. 기후위기는 기존의 인간과 생태계, 경제, 사회의 구조를 더욱 위태롭게 만듭니다. 인간 사회의 부조리함에 국한된 얘기만은 아닙니다. 장기화된 인수공통감염병 사태로 일상이 도전이 된 시대를 살아가면서 밥상 위에서 착취당하는 생명에 대한 종 차별 철폐도 빼놓을 수 없습니다. 그럼에도 불구하고 석탄화력발전소 추가 건설이 이루어지고 있는 오늘, 신공항 건설이 추진되고 있는 오늘, 이런 오늘은 과연 어떤 내일을 가져올까요? 10년후 미래의 모습을 상상하기 두려울 정도로 우리는 참담한 상황입니다.

이렇듯 녹색 전환의 주체가 되어야 함에도 차별과 혐오를 외면하며 기후재난에 미온적으로 대응하는 정부와 기업은 이 구조를 개선해야 할 책임을 무겁게 져야 합니다. 정부와 기업이 구태의연하다 못해 시대를 역행하는 핵발전과 성장주의의 의도를 노골적으로 드러내고 있는 지금, 기존과 같이 해서는 얼마 남지 않은 기후위기 대응의 시간을 놓치고 말 것입니다. 불평등이 커질수록, 전체 파이를 키워야 한다며 성장주의에 채찍질하는 오답을 내놓고 있는 정부에 우리는 맞서야 합니다.

이런 경제 체제는 더 이상 지속될 수 없습니다. 기후위기가 바로 그 증거입니다. 그렇기에, 지금 바로 여기에 있는 기후위기를 이야기해야 합니다. 그리고 기후위기를 극복하기 위해 오답투성이인 경제 체제를 포함한 사회 전반의 전환이 필요하다고 이야기해야 합니다. 그동안 진보 정당들은 거대 양당의 틈바구니 속에서 각자가 추구하는 소중한 가치를 위해 각개약진을 해 왔습니다.

녹색당은 기후·생태 위기와 전지구적 불평등을 타개해야 할 과제를 10년간 고민해 왔고 '녹색 전환'을 강령으로 삼고 있습니다. 또한 원외 정당으로서 기후위기에 대응하기 위해 풀뿌리 민중의 곁에서 꾸준히 목소리를 내 왔습니다. 밀양부터 월성에 걸쳐 DDP(동대문디자인플라자) 단식 농성까지, 제주 2공항

및 새만금 신공항 반대 투쟁의 현장에 늘 함께, 또 앞장서 왔습니다. 가장 소외되고 보호받지 못하는 곳, 가장 낮은 곳과 가장 왼쪽에서 함께하고자 노력해 왔습니다. 기존의 성장만능주의를 비판하고 탈성장, 대안 정치를 얘기해 왔습니다. 죽음의 시대에 생존의 길을 내는 정치가 필요하다고 생각합니다. 전국의 핵발전소, 공항 예정지, 농민, 석탄화력발전소, 비정규직 노동자 등 아픔의 현장에서 생명들과 연대할 것입니다.

우리는 다르게 생각해야 합니다. 기후정의행진은, 기후위기 극복을 위한 노력이 시급하다는 것을, 그 노력은 정의롭고 전환적이어야 함을 우리 사회가 약속하는 장이 되어야 합니다. 재생에너지로의 전환을 이루고, 생태계의 균형을 회복하며, 소득과 자원을 정의롭게 분배하고, 불필요한 노동과 소비에서 해방되며, 행복하게 살아가는 데 필요한 공공재와 공유 자원을 확장해 나가는, 그런 새로운 사회에 대해 상상하고 고민하는 장이 되어야 합니다.

차별하고 혐오하는 세상에 우리는 굴복하지 않습니다. 고난과 어려움 속에서도 녹색 전환을 이루기 위해 힘쓰는 기후 시민들과 연대하며 녹색의 새 세상을 만드는 최전선에서 함께 투쟁합시다. 대안이 없다면 우리가 대안이 됩시다. 길이 없다면 우리가 길이 됩시다. 그 대안의 정치에, 그 길을 터 가는 자리에, 녹색당이 앞으로도 더 왼쪽으로, 더 아래로 앞장서서 갈 것을 약속합니다. 정부는 이 외침을 귀 기울여 듣고 지속가능한 삶과 녹색 전환을 만들어 나가길, 성장만능주의와 자본주의를 지금이라도 거부하고, 거대 기업들과 소수 특권을 위한 정치가 아닌, 모든 생명들의 외침을 외면하지 않기를 강력히 요구합니다. 녹색당이 끝까지 투쟁하며 반드시 새 전환의 사회를 만들어 가는 길이 될 것입니다. 감사합니다.

이지연 _ 동물해방물결

"죽임이 아니라 살림의 문명으로 전환합시다!
구분 지으며 차별하고 배제하지 말고,
함께 살고 함께 나아갑시다."

안녕하세요. 동물해방물결에서 활동하는 지연입니다.

저는 오늘 우리가 행진하는 지금 이 순간도 공장식 축산업에서, 농장, 경매장, 도살장, 동물원, 실험실과 대학 연구기관의 수많은 감금·착취 시설에서 고통받는 비인간 동물을 대신해 이자리에 섰습니다. 그들은 지금 여기 있는 저나 여러분처럼 행진할 수는 없지만, 현 시스템을 원치 않는다는 의사만큼은 매일 매 순간 온몸으로 표현하고 있습니다. 여기 있는 우리와 다를 바 없는 지각 있는 생명이며, 고통을 느끼는 존재입니다. 그리고 점점 더 심각해지는 기후·생태위기를 온몸으로 맞닥뜨리는 최일선 당사자기도 합니다.

비인간 동물의 아우성은 사람들에게 들리지 않습니다. 왜

냐? 닿고 싶어도 함부로 닿을 수 없는 곳, 만나고 싶어도 좀처럼 만날 수 없는 곳에 갇혀 있기 때문이죠.

한 해에 우리나라 인구의 22배가 넘는 11억 가까운 동물이 식용으로 도살됩니다. 식탁에 고기로 올라오기 전에, 강제 임신과 출산, 밀식 사육, 도태, 살처분, 그리고 도살이 있습니다.

작년, 동물해방물결은 이 악순환에서 6명命의 소들을 시민과 함께 구할 수 있었습니다. 정부와 기업이 '가축'이자, '탄소배출원'일 뿐이라 이야기하는 존재들입니다. 이들은 곧 강원도 인제 신월리에 마련될 평생 안전한 보금자리로 이주할 것입니다. 6명의 소들이 우리에게 보여 준 행동 변화, 억압에서 공존 관계로 나아가는 모든 과정은 그들이 어째서 인간의 필요 충족을 위한 존재가 아니라, 한 명 한 명, 개별적인 귀중한 생명으로 대접받아야 하는 존재인지 보여 주고 있습니다.

그런데 이렇게 힘겹게 구한 소들의 미래도 기후·생태위기를 생각하면 암담합니다. 사실 우리는 수년간, 기후·생태위기로 인한 재난이 비인간 동물을 덮치는 상황을 어쩌지 못하고 있습니다. 사력을 다해 도망치다 극적으로 구조되어도, 다시 위험 지대로 보내져 방치됩니다. 수백, 수천, 수만의 비인간 동물을 번식·사육하는 시설에 불이 나면 타 죽고, 폭우가 오면 수몰되어 죽습니다.

어차피 '고기'가 될 존재, 도살될 생명인데, 언제 죽으나 마찬가지가 아니냐는 분들도 있죠. 하지만 그렇게 되묻는 것이 기후정의운동의 기치가 아님을 우리는 알고 있습니다.

기울어진 운동장을 바로잡는 것이 기후정의운동입니다. 기후·생태위기는 그동안 눈감았던 불평등과 부정의가 우리의 생명과 삶터 그 자체를 이 정도까지 파괴할 수 있음을 보여 주는 것입니다.

그 자체로서 존엄한 동물의 생명을 자본 축적, 이윤 추구를 위한 대상으로 도구화, 상품화하는 이 종차별적인 시스템, 누가 만들었습니까? 그 구조가 자본과 함께 너무도 대량화, 공장화된 나머지 지구 전체 농지의 80퍼센트를 잡아먹으면서도 우리가 섭취하는 영양의 20퍼센트도 생산하지 못하고, 교통수단보다 더 많은 온실가스를 배출하고, 강산을 피와 분뇨, 화학물질로 오염시키는 동안, 누가 우리에게서 '진실'을 가리고, 아무 문제가 없는 것처럼 현 시스템은 '정상적'이라고 합니까? 누가 우리에게 아직도 '우유 급식'과 '육식'을 권하고 있습니까?

청와대, 농림축산식품부, 보건복지부, 서울우유, 한우협회, 하림, 한돈, 각종 축산 이익 단체와 대기업!

권력자와 기업은 아직도 심각하게 안이합니다. 본인들이 불러온 문제를 좀처럼 시정할 생각이 없습니다. 구조를 뿌리부터 개편하겠다는 상상력과 비전을 내보이지 않습니다. 위기를 당장 해결해야 할 문제로 보지 않고, 누군가의 죽음이 벌어지고 난 뒤 온 사회가 떠들썩해져서 무언가라도 하지 않으면 무안할 상황이 되어서야 나타나 '땜질식 처방'을 합니다.

그러나 우리는 잠재워지지 않고, 끝까지 근원을 들춰낼 것입니다. 문제는 불평등이라고, 지금 당장 차별적인 구조와 관계를 전방위적으로 뜯어고치지 않으면 잘못이 없는 이들의 죽음과 피해는 반복될 것이라고, 지적하고 요구할 것입니다. 기후위기 극복을 위해 탈석탄과 탈핵 그리고 탈축산 반드시 해야 합니다.

만연한 '종차별주의'에 맞서며, 모든 동물의 학대, 살상, 착취를 끝내자고 싸워 왔던 것과 똑같이 절박한 마음과 자세로 기후·생태위기 극복을 위한 싸움에 나서겠습니다.

이렇게 살 수 없습니다. 이렇게 살아선 안 됩니다! 우리가 외치는 것이 평등하고 아름답고 안전한 세상을 향한 길이고 대안입니다. 정부와 기업은 '우리'의 인식에 맞춰야만 할 것입니다.

보고, 느끼고, 자각하십시오.

살리고자 한다면 모두가 구해질 것이다.

죽임이 아니라 살림의 문명으로 전환하자!

구분 지으며 차별하고 배제하지 말고,

함께 살고 함께 나아갑시다.

이대로 살 수 없다. 지금 당장 기후정의!

이대로 살 수 없다. 화석연료 체제 종식하라.

이대로 살 수 없다. 생명 파괴 체제 중단하라.

이상명 _ 경기에너지협동조합

> "자연이 우리에게 선물한 햇빛과 바람을
> 적극 재생에너지로 생산, 이용해야 합니다.
> 재생에너지 생산과 이용의 방향은
> 기후정의에 입각해야 합니다."

경기에너지협동조합에서 일하고 있는 이상명이라고 합니다. 오늘 924 기후정의행진에 함께 오신 여러분을 진심으로 환영합니다.

오늘 우리는 기후위기에 대응하기 위해 마음과 마음을 모으고, 정부에 목소리를 전달하기 위해 나왔습니다. 기후위기는 인간이 자연을 상품과 돈벌이 수단으로 삼으며 약탈해 온 결과라고 생각합니다. 화석연료를 태워 배출한 온실가스가 쌓여 인간과 뭇 생명들의 생존을 위협하고 재산 피해, 심지어는 불안감과 우울감을 가중시키고 있습니다.

우리 정부는 온실가스 발생을 감축하기 위해 2050년 탄소중립, 2030년 40퍼센트의 온실가스 감축을 약속했습니다. 약속은 지켜져야 하지만, 이것만으로는 기후위기에 대응하기 어렵다고 합니다. 저는 탄소중립 에너지 전환 사회로 우리 사회가 보다 속도감 있고 규모 있게 나아가야 한다고 생각합니다. 여러분은 어떻게 생각하십니까?

자연이 우리에게 선물한 햇빛과 바람을 적극 재생에너지로 생산, 이용해야 합니다. 재생에너지 생산과 이용의 방향은 기후정의에 입각해야 합니다. 에너지 공공성을 실현해야 합니다. 에너지를 아무 거리낌 없이 마구 쓰는 사회에서 벗어나야 합니다. 햇빛과 바람을 일부 사람들의 돈벌이 수단으로 독점해서도 안됩니다. 재생에너지의 생산과 이용은 모든 사람들에게 권리로 보장해야 하고, 화석연료에 앞서 최우선적으로 쓸 수 있도록 책임이 부여되어야 합니다.

국가의 역할이 무엇입니까? 태양광 비리를 대서특필하고 대통령까지 나서 관련자를 엄중 처벌하겠다고 나서는 게 오늘 우리 국가의 중대사란 말입니까? 누가 의욕을 갖고 재생에너지에 투자하고 기술을 개발하며 발전사업에 나서겠습니까? 원전으로 돌아가자는 발상은 누구의 발상입니까? 기후비상사태 시국에서 원자력이 대안이 될 수 있단 말입니까? 앞으로도 수도권으로 전기를 보내기 위해 지방과 농촌의 주민들은 일방적으로 피해를 입어야 합니까? 전기요금 올리지 말자고요? 이것이 민생경제인가요? 너무도 무책임하다고 생각합니다.

　재생에너지의 간헐성으로 송배전망에 부담을 준다며, 재생에너지 생산 속도를 조절하자고 이야기하는 정부는 우리의 엄중한 현실을 감추고 있는 것 아닙니까? 한국의 전체 에너지 발전량에서 재생에너지의 양이 얼마인지 아시나요? 고작 4.8퍼센트에 머물러 있습니다. 세계 평균 10.3퍼센트의 절반에도 미치지 못합니다. 우리보다 많이 재생에너지를 생산해 이용하는 나라들은 더 잘살고 에너지 안보를 튼튼하게 키워 가고 있습니다.

　내가 쓰는 전기를 만들어 쓰는 세상으로 나아가야 합니다. 지붕과 옥상, 주차장에 햇빛발전소를 설치해 깨끗한 전기를 쓸 수 있습니다. 도로변, 저수지, 자전거도로와 폐철도 부지, 방음벽과 터널에도 햇빛발전소를 설치할 수 있습니다. 공공기관의 유휴 부지, 옥상과 주차장에 햇빛발전소를 설치할 수 있도록 에너지협동조합에 제공해 주세요. 에너지협동조합들은 지역 시민들이 모여 기후정의를 공부하고 재생에너지의 가능성을 탐구하며 생활에 적극 이용하기 위한 노력을 기울이고 있습니다. 주택과 직장, 마을에서 햇빛발전소나 풍력발전소를 설치할 수 있는지 탐색해 주세요. 설치한 햇빛발전이 잘 가동되고 있는지 사후 관리에도 관심을 가져 주세요.

기업들이 'RE 100'*을 실현하도록 관심을 갖고 촉구해 주세요. 우리나라에서 현재 생산되고 있는 재생에너지로는 기업들의 RE 100 실현은 턱없이 부족합니다. 기후재난이 강해질수록 국제사회의 규제도 더 강화되고 있습니다. 이를 준비하지 못하면 특히 중소기업들에서 대량 실업도 예상되고 있습니다. 기업들이 책임감을 갖고 RE 100을 실현해 가도록 국가와 지역사회가 적극 도와야 합니다.

924 기후정의행진에 참여한 시민 여러분, 시민과 마을, 마을과 기업을 이어, 우리 사회가 재생에너지의 생산과 이용을 확대하는 사회로 나아가도록 여러분의 참여와 협력을 부탁드립니다. 감사합니다.

---

* '재생에너지(Renewable Electricity) 100%'의 약자로, 기업이 사용하는 전력의 100%를 재생에너지로 사용하자는 국제적인 캠페인을 말한다. 2014년 영국 런던의 다국적 비영리기구인 '더 클라이밋 그룹'이 시작한 것으로 2050년을 목표로 설정하고 있다.

안희표 _ 청년기후긴급행동

"우리는 끝까지 싸워서 지키고 얻어 낼 것입니다.
삶의 아름다움을, 사회의 정의로움을,
생명들이 영속하는 그물망을.
이전과 전혀 다를 새 세상을 함께 쟁취합시다."

서천에 사는 제 친척은 서천에 사는 아이들 중 3분의 1이 비염이 있다는 얘길 했습니다. 본인의 자녀도 비염 때문에 이비인후과에 자주 간다고 했습니다. 서천을 비롯한 충청권 해안 지역에 석탄발전소가 많이 지어져서 그렇다고 했습니다.

제가 속한 청년기후긴급행동에서 활동하는 청연과 은빈은 베트남의 하띤성에 지어질 석탄화력발전소 붕앙 2호기 건설을 저지하고자 직접행동을 벌이다가 벌금형을 선고받고 기업으로부터 고소를 당했습니다. 두 활동가가 붕앙 2호기가 세워지는 것을 반대했던 것은, 2호기에 앞서 지어진 붕앙 1호기로 인해 지역 주민들의 삶의 기반과 지역 생태계가 무너진 선례가 있었기 때문입니다. 하띤성에 발전소가 지어지면서, 발전소에서 뿜어내는 분진이 사람들이 사는 집을 뒤덮었고, 주민들은 우물물과 빗물을 마실 수 없게 되었습니다. 그들은 자신들의 생계 수단인 고기잡이를 더 이상 이어 갈 수 없게 되었습니다. 그곳엔 발전소의 영향으로 질병을 앓는 사람도, 죽는 사람도 있다고 합니다. 인간뿐만 아니라 산호초와 물살이(물고기) 등 바다 생태계에서 살아가는 비인간 생명들도 고통스러운 죽음을 맞았습니다.

충청도든 강원도든 베트남이든 인도네시아든 석탄화력발전소를 새로 짓고 계속해서 운영하겠다는 논리를 뜯어 살펴보면 공통적으로 깃들어 있는 것들이 보입니다. 무한한 경제성장에 대한 환상과 강박, 사회정의와 생명보다는 자본의 이익과 국익을 앞세우는 경영 논리가 그 밑바탕을 이루고 있습니다. 그러한 논거들을 통해 특정 존재들 혹은 특정 지역에 기후·생태적 부담을 전가하는 행위는 손쉽게 정당화되곤 합니다. 사람들은 추하고 더럽다고 여겨지는 것, 위험한 것을 자기 곁에 두고 싶어 하지 않습니다. 그런 건 자기 신체 바깥으로, 자기의 경험치 바깥으로, 자기가 확인할 수 있는 세상의 범위 바깥으로 자꾸만 밀어내려고 합니다. 그리고 어디선가, 누군가가 그렇게 밀려난 것들을 떠맡습니다.

화석연료에 기반한 에너지 발전을 하지 않는다면 이 문제가 사그라들까요? 저는 그렇게 생각하지 않습니다. 제가 종종 머무는 전남 곡성의 한 마을에선 최근 신재생에너지인 풍력발전 시설이 들어온다는 소문으로 온 동네가 술렁입니다.* 마을의 어르신들은, 본인은 귀가 먹었으니 그나마 저 소음과 함께 지낼 수 있을 거라는, 농담 섞인 이야기를 합니다. "다 늙은 우리들이야 그 웅웅대는 소리를 견디지, 젊은 사람들이 사는 마을에 저게 들어갈 수 있겠나" 하시면서요. 그리고 이런 말씀도 덧붙입니다. "그런데 환경이고 풍력발전이고 뭣이고 간에 당장 동네 축사에서 나는 냄새 때문에 못살겠다." 결국 오염수도, 분진도, 소음도, 악취도, 송전탑도, 방사성 폐기물도, 땅값이 싸고 생명의 값이 싸고 고통과 죽음을 가장 손쉽게 삭제할 수 있는 곳으로 흘러 들어가나 봅니다.

이러한 부정의와 불평등은 지역과 장소라는 구분 하나만으로 해명되지 않습니다. 사회가 무한 성장과 팽창에 대한 강박에 갇혀 있고 착취적인 경제 시스템이 계속되는 한, 기후·생태

---

* 전라남도 곡성군 죽곡면의 이야기입니다. 죽곡면의 이야기는 곡성에서 활동하는 박진숙 님의 칼럼에서 빌려 왔습니다. (박진숙, 「농민 칼럼 — 지역 자치력은 공론화와 거버넌스로 성장한다」, 『한국농정』 2022.01.23. http://www.ikpnews.net/news/articleView.html?idxno=46477)

위기의 부담과 위험은 여성, 장애인, 저소득층, 난민, 야외 노동자, 농민, 남반구 시민 등 여타의 약자와 소수자들에게 계속해서 전가되고, 인간과 비인간 존재의 차별적 관계 또한 계속해서 강화될 것입니다. 그 와중에도 기업과 정부는 기후위기를 명분으로 지배 연합을 재구축하고 있겠지요. 그러나 정부와 자본만의 책임으로 돌릴 수도 없는 것은, 우리 자신 또한 이 폭력적인 사회 시스템의 한 구성원이기 때문입니다. 우리 또한 가담하거나 내몰리고, 목격하거나 외면하면서, 여러 층위와 입장으로 착잡하게 뒤얽힌 당사자로서 끊임없이 이 문제에 연루됩니다. 우리 또한 결코 이러한 타자화와 외부화의 문제로부터 무관해질 수 없습니다.

타자에게 고통을 전가하고 은폐하는 사회구조적인 메커니즘을 들여다보기에 앞서서, 일단은 내 작은 마음이 어떻게 움직이는지부터 다시 되짚어 보려고 합니다. 자기 삶의 반경 내에서 자기 스스로 경험하지 않은 것에 대해서만큼은 쉽게 까먹어 버리는, 사람이라는 존재의 한계에 대해서 생각합니다. 한 달 전 제가 사는 동네에는 폭우가 내렸고 빌라의 반지하 집들은 물에 잠겼습니다. 침수 피해를 입은 사람들은 며칠간 짐을 나르고 젖은 방바닥을 쓸고 닦았습니다. 폭우가 휩쓸고 간 지한 달이 지난 지금까지도, 그들은 건물 현관 바깥에다가 비에

젖어 우글우글해진 졸업 앨범을 펼쳐 말리고 이런저런 살림살이를 늘어놓은 채 지냅니다. 폭우가 쏟아지던 그날 밤, 그들의 집이 물에 잠겨 갈 때, 저는 창문을 닫고 잠들어 있었습니다. 그들이 짐을 나르고 청소하고 물건을 널어 말릴 때에도 저는 그들 곁을 스쳐 지나갑니다. 아주 잠시 동안 속으로 안타까워하면서도, '내 할 일'이라는 것을 하러 제 갈 길을 갑니다. 아마도 우리 대부분이 몇 번쯤 이와 같은 경험을 한 적 있을 거라 생각합니다. 우린 너무 작은데, 그에 비해 세상의 문제들은 너무 크고 너무 많으니까요. 문제마다 멈춰 서서 하나하나 들여다보고 고민하고 함께 해결하기엔 우리가 감당해야 하는 삶의 속도가 버거울 정도로 빠르니까요.

  하지만 지금보다는 더 널따란 오지랖으로, 계속해서 서로의 안위를 물으려고 애써 보겠다고, 오늘 이 자리에 서서 다시금 다짐합니다. 어떤 사건이 자기의 안위를 위협하지 않을 때, 그것이 자기의 경험 세계 밖에 있을 때 사람의 마음이 얼마나 동요 없이 잠잠한지, 여러 번 실감합니다. 각자에게 떠맡겨진 혹은 각자가 외면하고 있는 고통에 대해서 듣고 말하고, 그렇게 다시 연결감을 회복하며 우리가 공유하는 경험 세계를 확장해 가고 싶습니다. '당신 사정'이라든가 '당신 얘기'로 치부해 버리는 것이 아니라, 우리 공동의 일로 받아들이려고 애써 보겠다고 다짐합니다.

그리고, 그리하여 만들어진 공동의 어떤 것에 대한 책임이자 응답으로서, 현실의 불평등한 사회 권력 구조와 지배 구조를 직시하고 그에 저항하겠다고 다짐합니다. 그런데 그러한 사회적·정치적 저항들은 혼자 하기엔 어렵고 힘이 드니까, 여기 모인 사람들과 더불어 저항해 나갈 수 있으면 좋겠습니다.

개인적인 각성을 넘어서 제도와 정책의 층위에서도, 그리고 보다 근본적인 구조와 패러다임의 층위에서도 우리 저항과 전환의 작업을 지속합시다. 자본이 아니라 생명의 편에, 죽임이 아니라 살림의 편에 섭시다. 타자화와 외부화의 방식이 아니라 연대와 분담의 방식을 택합시다. 지구 공동체 존재자들의 생명력을 쥐어짜는 자본, 그 자본의 폭력을 묵인하고 방조하는 정부, 그 정부의 정책을 녹색으로 위장해 설파하는 전문가들보다 우리의 기획은 더 높고 담대합니다. 성장개발주의를 넘어서 탈성장을, 탄소환원주의을 넘어서 기후정의를, 근대문명을 넘어서 생태문명을 이야기합시다. 치열하게 논의하고, 새로운 것을 생성하고, 자본과 정부의 꿍꿍이를 집요하게 물고 늘어집시다. 우리는 끝까지 싸워서 지키고 얻어 낼 것입니다. 삶의 아름다움을, 사회의 정의로움을, 생명들이 영속하는 그물망을. 이전과 전혀 다를 새 세상을 함께 쟁취합시다.

뭉치 _ 전쟁없는세상

> *"기후정의를 실현하는 일은*
> *전쟁 없는 세상을 만드는 일과 다를 수 없습니다.*
> *무기 생산과 무기 거래의 평화적 전환 없이*
> *기후정의는 이룰 수 없기 때문입니다."*

안녕하세요. 전쟁없는세상 활동가 뭉치입니다.

시민 여러분, 저기 왼쪽을 봐 주십시오. '한화, 본캐는 전쟁 장사, 부캐는 기후 악당'이라는 대형 애드벌룬 현수막이 보이시나요? '응? 한화가 전쟁 장사? 기후 악당? 무슨 소리지?' 하실 수도 있을 텐데요. 무기 거래와 기후위기는 매우 밀접하게 연결되어 있습니다. 특히 한화는 한국에서 제일 규모가 큰 방위산업체인데요. 저 애드벌룬이 띄워진 곳 바로 뒤가 한화빌딩이고, 한화는 K-9 자주포, 바라쿠다 장갑차, 천궁-II 중거리 지대공미사일 등 다양한 무기체계를 생산하고 수출합니다. K-9 자주포는 우크라이나에 무기를 지원하는 폴란드에, 바라쿠다 장갑차는 웨스트파푸아 사람들의 독립운동을 무력 진압하고 있는 인도네시아에, 천궁-II 중거리 지대공미사일은 예멘 내전에 군사적으로 개입하고 있는 아랍에미리트에 수출되고 있습니다. 한화는 전 세계 분쟁 지역에 무기를 공급하며 전쟁으로 막대한 돈을 벌어들이고 있습니다.

현재 일산 킨텍스에서는 한화와 같은 방산 기업들이 무기를 전시하고 실제로 판매하는 국내 최대 지상무기박람회 DX Korea가 열리고 있습니다. 아랍에미리트처럼 예멘 내전에 개입하는 국가, 미국과 영국처럼 우크라이나 전쟁에 무기를 지원하는 국가, 인도네시아처럼 군대와 경찰을 동원해 자국민을 탄압하는 국가들의 장관급, 육군참모총장급, 방위사업청장급 인사들이 VIP로 초대받아 무기를 구매하러 이 박람회장을 찾습니다. 여기에는 우리 모두의 세금이 쓰입니다.

무기박람회를 통해 거래되는 무기들은 전쟁을 일으키고 그 전쟁은 기후위기를 심화시킵니다. 악화된 기후는 안보 위험이 되고, 또 다시 전쟁이 일어나는 악순환이 계속됩니다. 가장 큰 문제는 이러한 군사 부문이 기후위기에 끼친 영향은 잘 드러나지 않는다는 것입니다. 군사 부문의 탄소배출은 감축 의무에서조차 제외되고 있습니다. 전쟁과 전쟁 무기 생산을 멈추지 않는다면 기후위기는 해결될 수 없습니다. 무기 거래는 전쟁과 기후위기의 원인이자 결과입니다. 한화는 무기 거래와 생산의 핵심 주체로 그 책임이 막중합니다.

점점 보살이 되어 가고 있는 한화 야구팬들을 생각하면 한화는 무기 생산에 쓸 돈을 차라리 야구에 투자하는 것이 현명할 것입니다. 기후정의를 실현하는 일은 전쟁 없는 세상을 만드는 일과 다를 수 없습니다. 무기 생산과 무기 거래의 평화적 전환 없이 기후정의는 이룰 수 없기 때문입니다.

구호 외치면서 발언을 마무리하겠습니다.

제가 구호를 외치면 마지막 네 글자만 연달아 세 번 외쳐 주시길 부탁드립니다.

전쟁 장사, 기후 파괴. 무기 산업 중단하라.

기후 악당 한화는 무기 생산 중단하라.

전쟁 장사꾼 한화는 야구나 잘해라.

김은제 _ 학부모·시민행동365

"기후위기를 막으려
어른들에 맞서 싸우는 아이들 곁에서
기후정의를 함께 외치는 어른이 되겠습니다."

안녕하십니까? 학부모·시민행동365 김은제입니다. 저는 초등학교 4학년 딸과 함께 기후위기 시대를 살아가는 한 엄마입니다. 저는 어렸을 때 기후변화, 생태계와 인간과의 관계에 대해 제대로 배우지 못했습니다. 그저 이 모든 것이 문명의 이기로 인한 영향일 뿐이라고 단순히 추측했을 뿐입니다. 하지만 어른이 되고 내 아이를 키우면서 방사능, 미세먼지, 폭염, 한파에 민감한 사람이 되었습니다.

제가 태어났던 1985년 8월부터 다음 해인 1986년 5월까지 9개월간 서울 지역 전 강우량의 90.6퍼센트는 산성비였습니다. 1986년 4월에는 인류 역사상 최악의 원전 참사로 기록된 체르노빌 원자력발전소 폭파 사고도 있었습니다. 초등학생인 제가 배운 체르노빌 원전은 교과서에서 다루는 역사적 사실일 뿐이었습니다. 산성비 역시 맞으면 머리가 빠져 대머리가 되니 피해야 하는 정도로 여겼습니다. 그러니 우리가 지켜야 할 생태계조차 피라미드 도형의 제일 꼭대기에 위치한, 상위 포식자인 인간이 그린 그림일 뿐이었습니다. 솔직히 말하자면 이제야 깨달았습니다. 제가 배웠던 것이 진실과는 거리가 먼, 조각나고 파편적인 사실일 뿐이라는 걸. 잊지 말고 기억해야 할 진실은 인류가 초래한 기후위기로 우리 아이들은 우리가 살았던 지구 환경의 삶을 살 수 없다는 걸 말입니다.

다국적 기업과 전 세계 각국 정부는 대기 중 온실가스의 급속한 축적이 장기적인 지구온난화를 초래했으며, 현재의 기후변화 속도도 이미 생태계와 사회 및 경제 시스템에 엄청난 영향을 준다는 걸 알고 있습니다. 이에 대응하려 배출량을 줄이는 데에 초점을 맞추고 있지만 이러한 노력은 해결책의 일부일 뿐입니다. 세계 인구의 20퍼센트도 안 되는 선진국이 배출하는 온실가스는 전체 누적 온실가스의 90퍼센트를 차지합니다. 결과적으로 80퍼센트 저소득 국가에서 사는 장애인, 빈곤층, 아동, 여성, 노인 등이 기후위기 최일선에서 재난을 온몸으로 겪는 셈입니다.

이제 기후변화는 환경적, 과학적인 문제를 넘어 사회적, 윤리적, 인권의 문제입니다. 기후위기는 가장 기본적인 인권 보장을 위한 음식, 물, 건강, 주거, 교육의 제공과 깨끗하고 건강한 환경을 누릴 모두의 권리를 훼손하고 있습니다. 인종, 성별, 소득과 같은 조건에서 비롯한 기존의 불평등은 기후재난으로 이어져 삶과 생계에 악영향을 미치고, 탈성장으로의 전환에 참여할 기회조차 공평하게 제공하지 않습니다.

이렇듯 기후변화가 사회적 불평등을 야기하지만, 동시에 기후변화는 사회적 불평등의 결과물이기도 합니다. 현재 경제 시스템은 다수를 대상으로 소수를 위한, 소수가 만들어 낸 결과물인 까닭입니다. 우리의 생산과 소비는 심각한 세계적인 기후위기를 초래했습니다. 이러한 과정을 되풀이하면 우리의 먹거리, 물 공급, 직업과 경제, 안전, 생활 방식은 위협을 받을 테고, 특히 수십억 명이 취약한 상황에 놓이는 가혹한 재난을 겪게 됩니다.

우리는 흔히 '공평하다', '평등하다'는 표현을 할 때 다른 사람 혹은 상황과 비교합니다. 그렇지만 인권 문제에서는 어떤 대상과 비교했을 때 동일한 권리가 보장된다고 해서 바로 평등으로 이어지는 경우는 드뭅니다. 기후위기로 인한 불평등의 해결, 기후정의의 실현은 더 많은 과정과 시간이 필요하기에, 우리는 지금 당장이라도 하나의 목소리를 내야 합니다. 우리가 초래한 기후변화가 사회적 형평성에 미치는 영향, 공정하고 정의로운 전환의 필요성을 다룰 때까지, 지구온난화의 재앙을 멈추고 되돌리려는 우리의 노력은 계속되어야 합니다.

사전에서 '정의'正義는 '진리에 맞는 도리'라고 합니다. 철학에서는 '사회를 구성하고 유지하는 공정한 도리'를 뜻합니다. '정의'는 정의定義할 수 없는 어떤 가치에 가까워서 사람마다 다르게 생각할 수도 있지만, 그것에 있어 분배, 평등, 불평등, 능력, 노력, 필요, 공정성 등의 개념이 언급되는 것을 봤을 때 모든 사람, 모든 존재가 인정하고 모두를 존중하는 것이어야 할 것 같습니다. 저는 한 아이를 키우는 엄마로서 저보다 아이가 살아가는 세상이 더 정의롭기를 바랍니다. 그 아이가 모든 존재를 위한 정의를 추구하는 사람이 되기를 바랍니다. 그렇게 세상이 바뀌려면 우리는 어떻게 해야 할까요? 제가 최근 아이와 함께 겪은 이야기를 들려 드리려고 합니다.

두 달 전, 저희 아이는 '아기 기후소송'에 참여했습니다. '아기 기후소송'은 '기후위기 대응을 위한 탄소중립·녹색성장 기본법'(약칭 탄소중립기본법) 시행령이 미래 세대의 생명권과 행복추구권 등 기본권을 보장할 수 없어 위헌이며, 2030년까지 온실가스 배출량을 2018년 대비 40퍼센트 감축하겠다는 목표는 기후위기를 막기에는 터무니없이 낮은 목표이기 때문에 법을 더 강력하게 만들어 달라는 아이들의 요구입니다. 저희 아이는 이 소송 기자회견에 참여해 어른들이 미래 세대의 기본권을 침해하고 있고, 어른들은 미래 세대의 권리를 빼앗아 본인들을 위해 사용하고 있으며, 미래 세대가 겪는 문제를 공감하지 못한다고 말했습니다. 이 기자회견이 여러 매체에 보도된 뒤, 기사에는 댓글이 달리기 시작했습니다.

"어른들이 아이를 이용해서 잘하는 짓이다.""애가 뭘 안다고 저렇게 했겠냐?""니들이 부모냐?""그럴 거면 에어컨도 쓰지 말고, 플라스틱 젖병도 사용하지 마라!"

악성 댓글이었습니다. 이런 상황을 예상하지 못했던 것은 아니지만, 막상 그런 댓글을 직접 보니 상처가 됐습니다. 아이도 그 댓글을 보았습니다. 의외로 아이는 저보다 더 화를 냈습니다. "정말 어른들은 아무것도 모르는 것 같아. 내가 하고 싶은 말을 자기가 뭘 안다고 저렇게 말하는 거야? 현실에서 쓰레기를 만들고 담배꽁초를 버리면서 말이야." 아이 말대로 온실가스 중 지구온난화에 가장 영향을 많이 미치는 탄소배출량 대부분은 에너지 생산 기업을 비롯한 글로벌 기업, 정부의 책임이 큽니다. 아이의 눈에 그 기업과 정부는 어른이 운영하는 것입니다. 기업들은 매체와 교묘한 마케팅을 통해 소비를 부추길 뿐만 아니라 개인에게 그 책임을 떠넘기고 친환경 기업인 것처럼 이미지를 위장하고 있습니다. 이런 기업을 운영하고 자본주의에 기반을 둔, 무한 성장을 찬양하는 시스템을 만든 것은 어른이 맞습니다. 엄마인 제가 아이에게 물었습니다. "세상을 바꿀 힘을 가진 어른들이 왜 자꾸 세상을 망칠까?" 초등학교 4학년 딸아이가 대답했습니다. "어른들은 학교에서 이런 걸 안 배워서 그래." 어른보다 아이들이 세상을 모른다고 말할 수 있을까요?

기후정의 실현이라는 목표를 이루려면 사회 전체의 시스템이 변화해야 합니다. 기업, 정부, 개인 등 모두가 함께 고민해야 실현할 수 있습니다. 성과, 발전 위주의 사회 분위기 속에서 생태 전환이라는 총체적 변화를 만들려면 무엇보다 '교육'이 필요합니다. 이번에 발표한 '2022 개정교육과정'에는 생태전환 교육이 대부분 빠졌습니다. 아이들에게 진실을 가르치지 않는 교육을 받게 할 수는 없습니다. 아이뿐만 아니라 모두가 진실을 제대로 알아야 합니다.

기후정의행진을 하러 오는 길에 아이와 횡단보도를 지났습니다. 녹색 신호를 기다리는데 내리쬐는 볕이 뜨거울 것 같아

아이 등 뒤에 서서 그늘을 만들어 주었습니다. 아이의 머리를 쓰다듬으며 다짐합니다. 내가 너를 위해 싸우겠노라, 때로는 너의 앞에서, 때로는 너의 뒤에서. 일명 극성스러운 학부모에게 '세다'는 표현을 사용합니다. 요즘에는 '맘충'이라는 말도 많이 듣습니다. 맘충이라고 불리든, 센 학부모라고 불리든 상관없이 저는 다른 부모들과 함께 우리 아이들의 미래를 위해, 같이 사는 세상을 위해, 정의로운 전환을 위해 기꺼이 센 사람이 되려고 합니다. 기후위기 최일선 당사자로서 더 이상 기후위기를 초래한 기업과 정부, 자본주의 체계에 세상을 맡길 수 없습니다.

힘없는 정의는 무력하고, 정의가 없는 힘은 폭력일 뿐입니다. 기후정의를 위해 우리는 같이 연대하고 강해져야 합니다. 우리가 사라진 미래에 살아갈 아이들과 모든 생명체를 위해 우리는 힘을 모아야 합니다. 모두의 생각과 지혜를 모아야 합니다. 기후위기를 막으려 어른들에 맞서 싸우는 아이들 곁에서 기후정의를 외치는 어른이 되겠습니다. 다 함께 목소리를 모읍시다!

채효정 _ 인제 '자치와 자급' 공부모임

> *"자본이 농업위기 주범이고 식량위기 주범이며*
> *이 기후위기의 주범입니다.*
> *지구를 살리려면 자본주의를 끝내야 합니다."*

안녕하세요? 강원도 인제에서 왔습니다. 우리 지역에서 함께 공부하고 실천하는 '자치와 자급' 공부모임을 대표해서, 행진에 꼭 참여하고 싶어서 이렇게 왔습니다. 요즘 가을철 일이 바빠 두 명이서 대표로 왔습니다. 오면서 보니 논마다 벼가 잘 익어 들판이 황금빛으로 일렁는 모습이 참 아름답습니다. 그런데 그 잘된 논에서 농민들은 한숨을 쉬고 시름겨워 하고 있습니다. 45년 만에 최대의 쌀값 폭락 때문입니다. 올해 수확을 하면 대략 논 한 마지기당 4만4천 원이 손해랍니다. 여름내 땀 흘리며 농사지어 빚을 버는 셈입니다. 풍년이 농민에게 재난이 되는 세상입니다.

농사지어 못살겠다 하니, 그러면 정부하고 기업이 뭐라 속

살거리냐면, 이제 전기 농사, 기계 농사를 지으라고 합니다. 빌딩, 컨테이너, 심지어 지하 창고에서 전기로 물 주고 전기로 빛을 쪼여 먹거리를 생산하랍니다. 그런 걸 '스마트팜'이라고 부르고, 가뭄이나 홍수 등 기후위기에 대응하는 혁신 농업이랍니다. 이번 폭우에 지하는 안전하던가요? 태풍에 빌딩은 안전하던가요? 게다가 그 전기는 어디서 옵니까? 농촌은 태양광, 풍력, 대규모 난개발로 몸살을 앓고, 농지 면적은 점점 줄어드는데, 멀쩡한 농지는 전기 생산지로 바꾸면서, 땅 대신 공장에서 농사짓고 농업을 기계화, 자동화, 전기화하자는 게 말이 됩니까? 이렇게 기른 채소가 친환경 채소, 저탄소 채소로 나옵니다. 신세계푸드 같은 기업은 자기네 기술을 선전하면서 이런 농사를 해야 재난이 기회가 될 거라고 선전합니다. 기후재난으로 식량 가격이 올라가면 더 많은 돈을 벌 수 있다고요. 위기를 돈벌이 기회로 삼는 건 에너지 기업이나 식품 대기업이나 마찬가집니다.

쌀값은 폭락인데 농산물 값은 폭등입니다. 추석에 장을 보러 갔더니, 배추가 한 포기에 1만5천 원, 5백 원에서 6백 원까지 하던 무가 하나에 6천 원, 시금치 애호박이 8천 원씩 합니다. 가뭄, 홍수, 태풍 때문이랍니다. 정말 가뭄이 농민을 죽입니까? 정말 태풍이 농사를 망칩니까? 아닙니다. 쌀값에 수탈해서 비싸

게 팔고, 유통을 장악하고 부채로 종속시켜 농민을 현대판 농노로 만드는 거대 식품기업, 자본주의 식량 생산 체제가 주범입니다. 비가 너무 많이 왔고, 가뭄이 너무 깊었습니다. 맞습니다. 하지만 가뭄 없는 농사 없고, 폭우·태풍 없는 농사 없습니다. 비에도 지지 않고 가뭄에도 이겨 내며 지어 왔습니다. 피해를 입어도 대응할 수 있는 역량과 지혜를 공동체를 통해 쌓아 왔습니다. 인간이 노력할 때 자연의 온 생명들도 회복을 도와줍니다. 하지만 지금은 피해를 입어도 함께 대응하고 도와줄 사회적 연대와 안전망, 공동체가 모두 파괴되어 버렸습니다. 사회 연대뿐만 아니라 자연과의 협력 관계, 생태적 회복력, 저항력까지 모두 파괴해 버린 자본주의가 주범입니다. 돈을 위해 나무를 자르고, 숲을 훼손하고, 강물을 오염시키고, 탄소를 배출해 자연의 생태적 안전망과 회복력까지 복구 불가능하게 망가뜨린 자본이 농업위기 주범이고 식량위기 주범이며 이 기후위기의 주범입니다. 이 재난의 이름은 자본주의입니다. 자본주의가 우리의 재난입니다.

그래서 저는 외칩니다. 지구를 살리려면 자본주의를 끝내야 한다고요. 제가 만들어 온 피켓에는 이렇게 쓰여 있습니다. "구하자 우리 지구, 끝내자 자본주의" 그러면 사람들은 묻습니다. 어떻게 끝내냐고요. 이렇게 많은 사람들이, 그리고 점점 더 많은 사람들이 자본주의 끝내자고 외치기 시작할 때 바꿀 수 있습니다. 오늘이 그 시작입니다. 저는 자본주의를 끝내지 않고선 기후위기를 절대 막을 수 없다고 생각합니다.

더 이상 이대로 살 수 없습니다. 돈 있으면 살고 돈 없으면 죽으라는, 이 체제 끝장냅시다. 생명을 돈벌이 수단으로 만들고, 이제 태양과 바람에 탄소까지 팔아먹는 자본주의를 끝장냅시다. 체제 전환, 정의로운 전환을 말하면서 그게 어떤 체제요, 어떤 방식의 전환인지에 대해서는 분명하게 말하지 않는 것은 너무나 공허합니다. 이윤을 위한 에너지 체제, 이윤을 위한 식량 체제를 공공적, 생태적, 민주적으로 전환할 것을 요구합시다. 이제는 재생에너지 많이 만들자고만 해서는 안됩니다. 우리는 핵발전을 녹색이라고 우기는 저 미치광이 대통령과 이 정부와 싸워야 하고, 자본과 손잡고 탄소중립 녹색성장을 녹색이라 포장하는 신자유주의 세력, 민주당과도 싸워야 합니다. 그것은 우리가 원하는 녹색이 아닙니다. 지구를 살리는 녹색이 아닙니다.

그래서 저는 오늘 이 말을 여러분과 함께 꼭 외치고 싶었습니다. 저와 함께 외쳐 주시겠습니까?

끝장내자! 자본주의!

저는 외칩니다. 모든 멸종된 생물과 사라진 존재와 쫓겨난

원주민과 학살당하는 동물들과 착취당하는 노동자와 수탈당하는 농민과 죽임당하는 여성의 이름으로 외칩니다. 함께 외칩시다.

이대로 살 수 없다!

자본주의 가부장제 끝장내자!

자본주의 성장 체제 끝장내자!

자본주의 불평등 체제 끝장내자!

감사합니다.

하태용 _ 전교조 기후특위 / 환경과생명을지키는전국교사모임

> "교육부는 개정교육과정 총론에
> 생태전환교육을 반영하라."

안녕하십니까? 전교조 기후위기특별위원회와 환경과생명을지키는전국교사모임의 하태용입니다. 저는 교사입니다. 그래서 교육 이야기를 하려고 합니다.

지금 교육계의 가장 큰 이슈는 교육과정 개정입니다. 교육과정은 국가 교육의 방향을 결정하는 아주 중요한 사안입니다. 총론에 우리 교육이 추구하는 인간상, 교육의 목표, 어떤 과목을 얼마나 가르칠 것인가 등이, 각론에 그 과목에서 무엇을 어떻게 가르치고 평가할 것인가 등이 담겨 있습니다. 사실 우리나라 교육의 모든 것을 결정하는 것입니다. 가장 중요한 총론을 말씀드리겠습니다.

8월 말에 교육부에서 교육과정 총론 시안을 발표했는데, 기후위기에 대응하는 교육이 없습니다. 프랑스는 헌법 1조에 '기

후위기에 맞서 싸운다'는 내용을 넣으려고도 했는데, 기후위기가 심각한 것을 우리 국민들이 다 알고 있는데, 교육부만 모르는 것일까요? 교육부가 들을 수 있게 같이 구호 한 번 외치겠습니다. 제가 선창하면 같이 외쳐 주세요. "기후재난, 이대로 살수 없다."

교육부가 정말 기후위기의 심각성을 모르는 걸까요? 그럴리가 없죠. 작년 11월 환경부, 시도교육감협의회와 함께 '차기 교육과정에서의 환경교육 및 생태전환교육 확대 약속'을 공동 선언으로 발표했고, 같은 시기에 '교육과정 총론 주요 사항'을 발표합니다. 거기에 "교육 목표에 환경·생태 교육을 반영하겠다"며, 심지어 모든 교과에서 생태전환교육을 하겠다는 안을 제시하기도 했습니다. 교육부가 교육과정 총론 시안에서 기후위기 환경교육을 의도적으로 뺀 겁니다. 그렇게 중요하게 다뤄졌던 기후위기 환경교육을 왜 뺀 걸까요? 기후위기가 그동안 사라진 걸까요?

국가 온실가스 감축 목표는 노동자들의 실직, 기업의 존망등이 걸린 복잡하고 어려운 문제인데도 정부가 추진하고 있습니다. 그만큼 기후위기가 심각하기 때문이죠. 교육은 이런 이해관계에서 자유롭습니다. 그런데도 기후위기 대응 교육을 하지 않겠다는 것은 말이 안 됩니다.

제가 기후위기에 대해서 매우 공감하면서도 거북한 말이 있습니다. 먼저 '교육이 중요하다'는 말입니다. 백번 맞는 말입니다. 그런데 간혹 미래 세대에 책임을 미루는 느낌을 받을 때가 있습니다. 다음은 '미래 세대에 미안하다'는 말입니다. 미래 세대라고 하니까, 모르는 분들이 '나와는 상관없는 미래의 일'이라고 오해하거나, 심지어는 '미안하지만 나는 하고 싶은 대로 할 거야'라고 생각할 수도 있어서입니다. 기후위기는 지금, 나의 일이라는 것을 강조해야 합니다.

생태전환교육이 개정교육과정에 반영되어 모든 교사들이 가르치고 모든 학생들이 배워서, 기후위기에 대응하는 미래를 꿈꿔 봅니다. 저희 교사들, 열심히 하겠습니다. 구호 외치면서 마치겠습니다. "교육부는 개정교육과정 총론에 생태전환교육을 반영하라."

국민이 함께하면 바꿀 수 있습니다. 교육부는 국민과 함께하는 교육과정이라며 의견을 수렴하고 있습니다. 2차 의견수렴을 10월 8일부터 13일까지 합니다. 번거로우시겠지만 '국민참여소통채널'에 들어가서 총론에 '기후위기 대응 교육, 생태전환교육 반영하라'는 내용을 남겨 주시길 부탁드립니다. 감사합니다.

조현정 _ 동물권행동 카라

> *"우리는 벼랑 끝에 서 있습니다.*
> *기후위기 앞에서 더는 물러날 곳이 없습니다.*
> *꿀벌의 날갯짓과 새의 지저귐이 없는 세상을*
> *그려 보셨습니까?"*

오늘 기후정의를 외치기 위해 거리로 나온 모두를 만나게 되어 너무나 반갑습니다! 저는 공장식 축산과 기후위기에 대해 이야기하고자 합니다.

오늘날 우리는 폭염과 폭우를 온몸으로 경험하고 있고, 기후위기는 지금 당장의 문제로 나타나고 있습니다. 그래서 우리는 변화를 위해 이곳에 있습니다.

지구를 뜨겁게 하는 온실가스 중 15퍼센트에 해당하는 양이 공장식 축산에서 온다는 것을 아시나요? 놀랍게도 이 수치는 교통이나 건물에서 나오는 온실가스보다도 높습니다. 세계 10억 마리 소가 배출하는 메탄가스는 지금도 지구를 빠르게 데우고 있습니다.

아마존 열대우림 파괴에 대해 들어 보셨을 겁니다. 아마존 열대우림은 소를 키우기 위해서, 또 대두와 같은 동물 사료를 재배하기 위해서 지금도 불태워지고 있습니다. 공장식 축산용 방목장과 사료 생산을 위해 열대우림이 사라지고 있는 것입니다.

먼 나라의 이야기처럼 들리시나요? 아마존 우림은 지구 열대우림의 절반 이상이고, 지구 산소의 20퍼센트 이상을 생산합니다. 우리가 마시는 공기 중 일부는 아마존에서 만들어지고 있습니다. 그러한 지구의 허파라 불리는 아마존 우림이 고기를 위해 불태워지고 있고, 그 피해는 고스란히 기후변화로 돌아오고 있습니다.

그렇다면 우리나라는 어떤가요? 매년 고기를 위해서 100만의 소가, 2천만의 돼지가, 10억의 닭이 죽고 있습니다. 음식에 토핑처럼 올려지는 달걀, 치즈, 고기를 위해서, 동물들은 마치 공장의 기계와 같이 취급당하고 있습니다. 알을 만들어 내기 위해 닭은 배터리 케이지에서 날개도 펼치지 못하고 평생 알만 생산합니다. 어미 돼지는 좁은 철틀에 갇혀 아기 돼지를 낳기 위한 도구로 쓰입니다. 젖소는 매일같이 젖을 짜내기 위해 강제 임신과 출산을 반복하다 도살당합니다. 수천, 수만 마리씩 동물이 사육되는 농장은 공장식 축산이라는 말 그대로, 동물이라는 기계를 이용해 동물의 부산물과 동물 그 자체에 대한 착취를 일삼고 있습니다.

언론은 대부분 불편한 진실을 보여 주지 않고, 우리는 동물의 고통과 고름, 비명을 마주할 기회조차 얻지 못하지만 분명한 사실입니다. 우리가 매일 마주하는 고기와 우유 뒤에는 소와 돼지, 닭의 비참한 생이 가려져 있습니다.

매년 반복되는 동물 전염병과 대규모 살처분 문제도 심각합니다. 밀집 사육으로 면역력이 저하된 동물은 조류독감, 아프리카돼지열병과 같은 질병에 감염되기 쉽습니다. 공장식 축산 농가에서 단 한 마리만 전염병에 걸려도, 질병이 퍼지는 걸 막는다는 이유로 같은 공간에 있는 수십만 동물은 살처분당합니다. 심지어 질병에 걸리지 않아도 예방을 목적으로 죽임당합니다.

우리는 최근 몇 년간 코로나19라는 전염병을 겪고 있습니다. 사람은 전염병을 예방한다는 목적으로 미리 죽임당하지 않습니다. 대신 사회적 거리두기를 택했죠. 사람과 동물의 생명의 무게가 이토록 다르게 취급되는 사회를 우리는 살아가고 있습니다.

공장식 축산은 동물뿐 아니라 사람에게도 잔인합니다. 살처분과 공장식 축산 현장에는 노동자들이 있습니다. 외국인 노동자도 있고요. 노동자는 닭을 산 채로 갈거나 분뇨 처리를 하는 어렵고 힘든 일에 동원되고 인수공통전염병에도 노출됩니다.

자연환경은 또 어떤가요? 공장식 축산은 온실가스를 내뿜고 분뇨는 항생제 등이 섞여 토양과 수질을 오염시킵니다. 악취는 인근 주민의 삶의 질을 저하시킵니다. 반복되는 살처분으로 매립지는 늘어나고 침출수로 또 한 번 토양과 수질은 오염됩니다.

우리는 우리가 버린 비닐봉지와 플라스틱 컵, 어업용 장비가 미세플라스틱으로 돌아오는 것을 알고 있습니다. 당연하게도 사람과 동물, 환경의 건강은 연결돼 있고 서로 영향을 주고받습니다. 산업화 이후 우리의 편리를 위한 자원 남용은 지구의 자원 고갈, 기후위기로 돌아오고 있습니다. 그 결과 생물 다양성도 위협받고 있고 다양한 종의 절멸 시대로 접어들고 있습니다.

우리는 벼랑 끝에 서 있습니다. 기후위기 앞에서 더는 물러날 곳이 없습니다. 꿀벌의 날갯짓과 새의 지저귐이 없는 세상을 그려 보셨습니까? 상상만으로도 끔찍합니다.

그러나 희망이 있습니다. 우리는 지구를 위해 올바른 선택을 하기 위해 모였습니다. 지구를 위해 정부와 기업에 기후정의를 계속해서 요구해 주십시오! 변화는 요구와 행동을 통해 이뤄지고 이미 사회 곳곳에서 시작되고 있습니다. 스스로의 변화도 필요합니다. 환경과 사람, 동물을 위해서 오늘 행진 후 삼겹살과 치맥을 하지 않는 일로도 함께해 주십시오! 저와 동물권행동 카라도 보다 나은 사회를 위해 최선을 다하겠습니다. 감사합니다.

오채연 _ 대안학교 청소년 기후정의연대 99도

> *"지금 여기 함께하고 있는 우리가 대안입니다.*
> *모이고 뭉쳐서 하나의 권력이 된다면*
> *세상을 어떻게든 바꿀 힘이 만들어집니다."*

안녕하세요. 청계자유발도르프학교 기후정의 동아리 엑스, 대안학교 청소년 기후정의연대 99도 소속 열아홉 살 오채연입니다. 저는 오늘 이 자리에 기후위기 당사자인 청소년으로 우리 모두가 함께해야 한다는 것을 외치기 위해 섰습니다.

요즘 들어 저는 함께, 연대, 공동체와 같은 단어들을 많이 듣습니다. 곳곳에서 우리가 하나로 일어나야 한다고 외치고 있고, 하나이길 바라고, 또 엄청난 힘을 필요로 하기 때문인 것 같습니다.

저는 기후위기가 심각하다고 수도 없이 들으면서도 정부를 믿고 내가 살아 있을 동안에는 지구가 망할 일이 없다고 생각하는 사람이었습니다. 기후위기가 보이지도 않고 변하는지도 모르겠고 수백 년 뒤 얘기인 줄 알았던 저는 한 친구의 영향으로 완전히 바뀌어 이 자리까지 오게 되었습니다.

저는 그 친구 덕분에 많은 것을 깨달았습니다. 빙하가 녹고 북극곰이 아프다는 것은 학교에 앉아서 머리로 배워야 할 것이 아니라 거리로 나와 행동해야 한다는 것을, 대한민국 교육이 얼마나 큰 현실을 가리고 있는지를, 개인의 실천만으로는 절대 바꿀 수 없다는 것을, 기업과 정부가 얼마나 뻔뻔하고 멋대로인지를, 그들로 인해 우리의 생존권이 보장되고 있지 않다는 것을, 그렇게 생긴 부정의와 불평등에 맞서기 위해서는 우리가 그들 못지않은 하나의 권력이 되어서 그들이 똑바로 움직이게 해야 한다는 것을 깨달았습니다. 그리고, 그러기 위해 함께하는 것이 얼마나 중요한지를 깨달았습니다.

오늘 거리로, 학교라는 작은 공동체에서 수많은 사람이 나오기까지, 한 사람의 희망이 번져 동아리로, 동아리가 번져 아홉 개의 대안학교 연대로, 그 연대가 번져 학부모와 교사에게까지 이어진 것을 보았습니다.

이러한 희망의 연대는 작은 공동체뿐 아니라 대한민국에서, 전 세계적으로 만들어져야 합니다. 많은 사람들은 우리에게 대안은 없고 요구만 늘어놓는다고 합니다만, 지금 여기 함께하고 있는 우리가 대안입니다. 모이고 뭉쳐서 하나의 권력이 된다면 세상을 어떻게든 바꿀 힘이 만들어집니다.

아득한 과학 현상으로만 배운 기후위기는 내 눈앞에 뚜렷이 나타나기 시작했습니다. 여러분들은 유난히 더웠던 지난 여름을 시작으로 코로나19, 산불, 잦은 태풍과 홍수 등 많은 기후재난을 보았고 취약 계층에 가장 먼저 닥친 피해를 보았을 겁니다. 태풍이 왔습니다. 그냥 태풍이 아니고 기후재난입니다. 폭염이 왔습니다. 어쩌다 좀 더운 여름이 아니고 기후재난입니다. 기록적인 54일간의 장마, 살다 보니 별일이네, 긴 장마가 아니라 기후재난입니다. 이제 비 오는 날에 파전과 막걸리 대신 변화를 외쳐야 합니다.

지구는 '나'입니다. 내가 하는 모든 것은 지구가 있기에 가능합니다. 얼마 전 축제에서 한 유명인이 "집값 올라라!" 수천의 시민을 향해 외쳤고 시민들은 환호했습니다. 제가 잘못 들은 줄 알았습니다. 얼마 전 반지하에서 차갑게 죽음을 맞이해야 했던 가족을 봤음에도, 생계를 이어 가기 위해 폭염과 폭우에도 나와 일해야 했던 취약 계층 노동자들, 그렇게 힘없이 쓰러져 갔던 수많은 사람들을 두고 어떻게 저런 말이 나올까요?

그들은 정말로 외쳐야 할 것이 무엇인지 아직도 알지 못합니다. 성장과 이득에 눈이 멀어 현실을 보지 못합니다. 지구가 없으면 집도 없고 돈도 없고 가족도 없고 당신이 누리고 있는 모든 것이 존재하지 않는다는 걸 언제쯤 깨달을 수 있을까요? 우리는 우리 모두가 연결되어 있다는 것을 인지해야 하며 정의를 향한 진짜 목소리가 필요합니다. 나를 위해, 나와 함께 살아가고 있는 생명을 위해 외쳐야 합니다.

당장, 약속한 2030 탄소 감축도 못 해내고 오히려 사용량이 늘고 있는데, 이렇게 가다가는 2050년 탄소중립은 이뤄지지 않을 게 훤합니다. 인간에게 허락된 마지노선은 1.5도입니다. 지구의 평균 온도가 1.5도가 오르면 인간의 영역을 벗어나 손쓸 수 없게 되는데 이미 1.1도가 올랐습니다. 0.4도가 더 오르기까지 앞으로 10년도 채 남지 않았습니다. 과연 얼마나 많은 사람이 이 사실을 정확히 인지하고 있을까요? 여러분들은 10년 후에 몇 살이신가요? 여러분의 아이와 부모는 어떤가요? 절대 먼 미래가 아닙니다.

저는 함부로 꿈꿀 수 없게 되었습니다. 이것저것 다 하고 싶었던 제 꿈은 기후위기에 가로막혀 버렸습니다. 권리가 안전하게 보장되지 않는 사회에서 미래를 꿈꾸기는커녕 미래를 지키기 위해 맞서야 하는 것이 현실이었습니다. 원래 꿈꿨던 제 미래가 자꾸만 흐려지고 사치스럽다는 생각까지 들었습니다.

사회가 철저히 만들어 놓은 구조로 학생들의 시야를 가리는 입시 교육을 볼 때마다 회의감이 듭니다. 과연 무엇을 위한 교육을 하는 걸까요? 언제를 대비한 교육일까요? 지금은 경쟁할 때가 아니라 손잡을 때입니다. 쌓아 올릴 때가 아니라 일으켜 세울 때입니다.

우리의 미래를 지키기 위해, 나은 세상으로 나아가기 위해 연대해야 합니다. 서로가 서로의 대안이 되어야 합니다. 모여서 외치고 희망하며 연대하면 이내 전 세계가 하나의 연대가 되어 진정한 대안 사회를 위한 권력이 될 수 있을 겁니다. 새로운 세상은 가능하고 또 가능해야만 합니다. 당장 닥친 기후위기가 무엇보다 중요하고 가장 먼저라는 것에 함께해 주시길 바랍니다. 감사합니다.

고나연 _ 제로웨이스트샵 알맹상점

> *"껍데기는 가라. 알맹이만 오라.*
> *탄소중립 넘어 배출제로 사회로."*

안녕하세요. 저는 제로웨이스트샵 알맹상점에서 근무하고 있는 고나연입니다.

제로웨이스트샵이라고 해서 쓰레기가 영(0)일 거라 생각하시나요? 아닙니다. 저희 상점에서도 하루에 적지 않은 쓰레기가 나오곤 합니다. 택배도 꽤 오고요, 그 안에는 물건을 둘러싼 비닐이나 종이도 있습니다. 하지만 개별 포장이 아닌 벌크 포장 업체를 물색하고, 비닐 포장보단 종이 포장으로, 종이 포장보단 무포장으로 물건들을 떼어 옵니다. 세제나 화장품은 완제품이 아닌, 리필할 수 있도록 말통 제품을 두고 판매하고 있습니다. 그렇게, 이미 세상의 기본값이 돼 버린 시스템을 거스르고 더 좋은 대안을 찾기 위해 노력하는 곳입니다.

저희는 처음 보는 손님에게 이렇게 묻습니다. "저희 쓰레기 모으는 것 혹시 아시나요?" 그럼 사람들은 적잖이 당황해 하며 "쓰레기…요?"라고 되묻습니다. 그러면 저는 약간 로봇 모드로 "네. 재활용이 어려운 쓰레기를 모아 자원순환을 하는데요, 이런 이런 것들을 모으고요, 가져오시면 스탬프도 찍어 드리고, 다 모으시면 리워드 선물도 드려요"라고 얘기합니다.

생활 속에서 쉽게 나오지만 재활용이 되기 어려운 쓰레기들이 저희 상점에 상주하고 있습니다. 이 자리를 빌어 저희가 어떤 쓰레기를 모으고 어떤 물건이 되는지 몇 가지 소개를 해 드리려고 합니다.

첫 번째, 종이팩을 모아 휴지를 만듭니다. 종이팩은 고급 펄프라 종이로 배출하면 다운그레이드가 됩니다. 종이팩이 일상에서 정말 많이 나오는데 따로 모으는 분리배출 장소가 거의 없어서 모으고 있습니다. 두 번째, 커피 가루를 모아 화분과 연필을 만듭니다. 커피 가루가 음식물 쓰레기가 아닌 것은 아시지요? 일반 쓰레기로 배출해야 하는데 버려지지 않고 이렇게 획기적인 아이템이 됩니다. 세 번째, 병뚜껑이 다양한 물건으로 탄생됩니다. 손바닥보다 작은 플라스틱은 선별작업장에서 노동자들의 손에 컨택되지 못하고 일반 쓰레기로 처리되기 때문에 따로 모은답니다. 플라스틱의, 잘 녹고 잘 변형되고 다양한 색을 낼 수 있는 성질을 이용해 알록달록하고 다양한 제품을 만들 수 있습니다. 그 외에도 실리콘은 반찬통 회사에, 양파 망은 농부에게로 가서 재활용되고 재사용됩니다.

이렇게 세상 밖에 나온 물건이 세상을 떠돌다가 땅속으로 매립되거나 공기 중으로 소각되지 않고, 새 삶을 살게 되는 것, 그 것이 자원 순환입니다.

작게나마 그 다리 역할을 하는 저희 상점에는 이런 사람들이 옵니다. 동네에 사는 엄마와 딸이 와서 함께 쓸 로션을 리필해 가고요, 중학교 선생님이 반 학생들을 데리고 와서 구경합니다. 수업이 아닌데도요. 어떤 연인들은 가볍게 데이트하러 와서 우유팩이 휴지가 된다는 등의 말을 듣고 가고요, 학교에서 환경 강의를 들었던 어린이가 며칠 뒤 부모님의 손을 끌고 와서 병뚜껑을 색깔별로 분류합니다. 모두 평범한 사람들입니다.

알맹상점 역시 '내가 쓰는 세제와 샴푸를 껍데기 없이 알맹이만 살 수 없을까?'라는 평범한 바람을 가진 이들이 모여 만든 가게입니다. 2020년, 알맹상점이 국내 세 번째 제로웨이스트 샵이었는데 2년이 지난 지금 전국에 300개에 가까운 제로웨이스트샵이 생겼습니다. 이들 모두 쓰레기를 쓰레기 취급하지 않고 어떻게든 자원으로 순환시키려 애쓰고 있습니다. 또 경쟁하며 내 몸만 불리기보다 함께 도우며 여러 일들을 도모합니다.

올해 극심했던 폭우를 보며 저는 부끄러웠습니다. 지금까지 우리나라는 비교적 자연재해가 적다고 생각하며 안심해 왔거든요. 우리나라의 이야기는 아니니까, 더더욱 내 이야기일 리 없으니까, 뉴스를 보며 안타까우면서도 마음속 깊이 안심해 왔던 날들이었습니다. 상상이 되지 않았습니다. 하지만 이제는 상상합니다. 상상이 될 수밖에 없었습니다. '우리 동네에 홍수가 나면 내 고양이와 어떻게 대피해야 할까', '우리나라 대피소엔 반려동물을 동반할 수 없다는데 어디로 대피하지…'라는 상상을 하며 눈물을 훔치고 있었습니다.

제가 중고등학교를 다니던 시절만 해도 환경문제의 주된 화두는 오존층의 구멍이 나날이 커지고 빙하가 녹아 북극곰의 서식지가 없어지고 있다는 이야기였습니다. 아무리 높이 하늘을 날아도 닿을 수 없는 곳의 현상이었고 평생 한 번 가 보기도 힘든 곳의 이야기였습니다.

하지만 지금은 어떨까요? 제가 어렸을때부터 살던 동네가 홍수로 잠긴 것을 처음으로 보았습니다. 친구의 고향에선 폭우로 인해 큰 건물들이 다 쓸려 내려갔습니다. 해마다 심각해지는 기후재난을 보며 '아, 청소년과 어린이들이 살아갈 미래만을 걱정할 게 아니었구나'라는 생각이 들었습니다. 어떤 노래의 제목처럼 내가 과연 '무사히 할머니가 될 수 있을까'라는 걱정이 불현듯 들었습니다.

저는 최근에 작은 결심을 해 보았습니다. 이 결심을 나누며 발언을 마무리하려 합니다. 저는 모이기에 힘쓰는 사람이 아닙니다. 또 주변 사람들에게조차 강하게 권유하지 못합니다. 하지만 애쓰려고 합니다. 함께 모여 환경 다큐도 보고, 비건 음식도 먹고, 쓰레기도 주우며, 일회용컵 보증금제 시행도 유예했는데 시행 범위까지 축소한 환경부 욕도 하면서, 나만큼의 목소리를 내려고 합니다. 그리고 이왕 이 자리에 나온 김에 여러분에게도 감히 권유드려 봅니다. 하나라도 먼저 알게 된 여러분이, 지금 이 행진에 참여하게 된 우리들이, 지금 제 목소리를 듣고 이 글을 읽고 있는 당신이, 우리가 길이자 대안인 이 세상에서 당신의 방법으로 기후정의를 외친다면 분명 희망을 꿈꿀 수 있을 거라고요.

껍데기는 가라. 알맹이만 오라.

탄소중립 넘어 배출제로 사회로.

감사합니다!

강석헌 _ 홍천군송전탑반대대책위원회

> "전기는 누군가의 눈물을 타고 흐른다는
> 밀양 할매들의 처절한 외침을 기억해 주십시오.
> 에너지 불평등에 맞서 외롭게 싸우고 있는
> 홍천 주민들의 싸움에 연대해 주십시오."

서울시민 여러분 반갑습니다. 강원도 홍천에서 올라온 농민입니다. 홍천군송전탑반대대책위원회 강석헌입니다.

몇 년 전 밀양의 처절한 외침을 기억하실 겁니다. 그 밀양의 아픔이 강원도 산골 마을 홍천에서 다시 예고되고 있습니다. 홍천 주민들은 50만 볼트 초고압 송전탑과 양수발전소를 저지하기 위해 4년째 투쟁을 이어 오고 있습니다. 영하 20도를 넘나드는 혹한의 추위를 이겨 내고 군청 앞 농성장을 지켰습니다. 차디찬 아스팔트에 온몸을 던지고 삼보일배 행진을 진행했습니다. 매주 열리는 기도회와 결의대회는 어느새 500회를 넘기고 있습니다.

하지만 한전과 한수원은 점령군처럼 온 동네를 휘젓고 다니고 있습니다. 온갖 불법과 편법을 자행하며 송전탑과 양수발전소 건설을 강행하고 있습니다. 특별지원사업비라는 이름으로 돈을 뿌리고 주민을 회유하고 협박하고 있습니다. 마을 공동체를 파괴하고 지역 갈등을 조장하고 싸움을 부추기고 있습니다. 인간의 존엄을 처참히 짓밟고 있습니다.

백두대간을 관통하는 동해안~신가평 50만 볼트 초고압 송전선로 사업은 강릉과 삼척에서 짓고 있는 석탄화력발전소에서 생산한 전기를 수도권으로 보내기 위한 사업입니다. 에너지 소비가 가장 많은 수도권에 전기를 보내기 위해 농촌 지역에 발전소와 송전탑 건설을 강행하고, 힘없는 농촌 주민들에게 고스란히 희생을 강요하고 있습니다.

농촌은 도시의 식민지가 아닙니다. 농촌에도 사람이 살고 있습니다. 농민도 똑같은 우리나라 국민입니다. 더 이상 농촌이, 농민이 도시와 돈벌이의 희생양이 될 수 없습니다. 누군가의 편리함을 위해서, 자본의 이윤을 위해서, 농촌에 살고 있다는 이유만으로 농민에게 고통과 희생을 강요한다면 이것이야말로 불공정이고 불평등입니다.

전기는 누군가의 눈물을 타고 흐른다는 밀양 할매들의 처절한 외침을 기억해 주십시오. 에너지 불평등에 맞서 외롭게 싸우고 있는 홍천 주민들의 싸움에 함께 연대해 주십시오. 어제의 밀양이 오늘의 홍천이 되고, 오늘의 홍천이 또 누군가의 고향이 되는 이 악순환을 끊어 버리기 위해 함께 싸우고 뜨겁게 응원해 주십시오. 우리 홍천 주민들은 기후정의를 실현하고 평등한 나라를 만들기 위해 반드시 이 투쟁에서 승리하겠습니다. 고맙습니다. 투쟁!

이서영 _ 인도주의실천의사협의회

> *"당장 닥쳐올 기후재난과 신종감염병 위기에서*
> *불평등을 완화할 사회정책을 요구합니다.*
> *건강과 의료를 상품화하는 게 아니라*
> *권리로 보장하는 체제 전환이 필요합니다."*

안녕하세요. 저는 인도주의실천의사협의회 활동가 이서영입니다. 오늘 거리에 나온 보건의료인 중 한 사람으로서 마이크를 잡게 되었습니다.

먼저 오늘 집회에 나온 마음가짐을 나누고 싶습니다. 요새 제가 제일 두려운 것은 침묵인데요, 저는 침묵을 깨는 사람들과 함께하고 싶어서 나왔습니다. 저는 우리가 위기에 대해 이야기하지 못하도록 침묵을 강요당하고 있다고 생각합니다. 기후위기와 함께 우리의 삶을 뒤흔들어 놓은 코로나19 위기는 현재진행형입니다. 확진자와 사망자가 모두 축소 추계되고 있는 지금도 하루에 60명 이상씩 코로나19로 사망하고 있습니다. 팬데믹 최전선의 현실도 여전합니다. 돌봄노동자들의 처우는 여전하며, 홈리스가 격리할 공간은 여전히 없고, 장애인들이 입원할 병상은 아예 실종된 상태인 만성적 위기 상태가 지속되고 있습니다. 그런데 정부는 위기를 일상으로 받아들이라고 강제하고 있는 것 같습니다. 그렇기 때문에 오늘 집회 슬로건, '이대로 살 수 없다'는 말은 정말 듣던 중 반가운 말입니다. 위기를 위기라고 부르지 못하는 침묵을 깨고, 위기를 유발하는 이들을 호명하며, 이 체제 속에서는 살 수 없다고 시원하게 이야기하는 것 같아서 그렇습니다.

　기후위기가 유발하는 건강 문제만 보더라도 말 그대로 이대로는 살 수 없습니다. 많은 전문가들은 기후위기로 인해 코로나19와 같은 신종감염병이 더 자주 등장할 것이라고 예측합니다. 팬데믹뿐만이 아닙니다. 기후위기로 더 많은 온열 질환, 감염성 질환, 장 질환, 호흡기 질환, 심혈관 질환이 발생합니다. 생명과 건강을 위협하는 극단적 기후재난은 말할 것도 없습니다. 이번 여름 살인적인 폭우가 생명을 앗아 갔던 일들을 모두 기억하고 계실 것입니다. 이 비극들에서 보듯이 기후위기로 인한 건강 위기는 평등하지 않습니다. 가난한 이들, 장애가 있거나 기저질환을 가지고 있는 이들, 열악한 노동조건에서 일하는 이들, 여성, 어린이들에게 더 큰 타격을 줍니다. 기후위기는 불평등을 더욱 극단적으로 드러내고 있습니다.

건강과 생명을 최우선 가치에 두는 보건의료인들은 건강을 위협하는 기후위기를 멈출 대책을 요구합니다. 지속가능성이 아니라 산업계 이해관계에나 걸맞는 NDC(국가 온실가스 감축 목표)를 설정한 세계 각국의 무능한 정부들에게, 초과 사망과 질병으로 드러나는 기후불평등의 증거들을 똑똑히 직시하고 지금부터라도 다르게 행동할 것을 요구합니다. 당장 닥쳐올 기후재난과 신종감염병 위기에서 불평등을 완화할 사회정책을 요구합니다.

또한 보건의료체계의 변화를 요구합니다. 상업적인 의료체계는 이런 건강 문제를 대응하는 데 나서지도 않을뿐더러 그 자체로 주요 탄소배출원입니다. 한국의 전체 탄소배출의 5.3퍼센트는 보건의료계에서 배출되고 있습니다. 보건의료분야에서 세계 8위로 탄소를 많이 배출하고 있는 나라가 바로 한국입니다.

저는 이런 탄소배출량이 한국의 취약한 공공의료 현실과 관련이 있을 거라고 생각합니다. 병상 수로 세계 1, 2위를 다투지만 공공병원 수는 OECD 꼴등 수준이어서 위중증 코로나19 환자가 입원도 못 하고 사망하는 일이 벌어지는 이유는 '사람을 살리는' 의료가 아니라 '잘 팔리는' 의료가 우선되기 때문입니다. 건강을 상품으로 소비하게 만드는 지속불가능한 보건의료체계는 바뀌어야 합니다. 건강과 의료를 상품화하는 게 아니라 권리로 보장하는 체제 전환이 필요합니다.

이러한 보건의료의 변화는 기후정의를 요구하는 강력한 사회운동과 함께할 때에만 가능하다고 생각합니다. 저희 보건의료인들은 건강을 위협하는 기후위기에 맞서는 모든 사람들과 함께, '이윤보다 생명'인 그날까지, 기후정의를 요구하며 함께 싸우겠습니다.

한수연 _ 기후솔루션

"대체 기후위기보다 명징한 현실이 무엇입니까?
기후재난보다 위급한 현실이 무엇입니까?"

안녕하세요. 기후솔루션 한수연입니다.

여러분, 저는 대학에서 팀플이 엄청 많은 과를 나왔는데요, 숱한 팀플을 하며 저는 "난 자료 조사 할게. 발표는 네가 해"라면서 팀원들에게 마이크를 넘기는 학생이었습니다. 이런 제가 지금 여기 수많은 여러분 앞에서, 심지어 차량 위에 올라서 마이크를 들고 있네요. 그만큼 기후위기, 기후재난이 심각하고 절박하기 때문입니다. 또 그만큼 하고 싶은 이야기가 많기 때문입니다.

이야기를 어떻게 시작할까 생각하다 최근 본 〈돈 룩 업〉Don't Look Up이라는 영화가 떠올랐습니다. 〈돈 룩 업〉은 거대한 혜성이 지구와 충돌해 지구에 있는 모든 생명체가 멸종하는 이야기입니다. 영화를 만든 감독도, 주연 배우도 말합니다. 이 영화는 단순한 재난 영화가 아니고 기후위기에 대한 영화라고 말이죠. 지구를 향해 돌진하는 혜성이 기후위기의 메타포라는 것입니다.

영화를 보고 많은 생각이 들었습니다. 우리가 겪고 있는 현실의 기후위기, 기후재난은 영화보다 더 비극적이라는 생각이요. 영화에선 모든 생명이 한순간 멸종을 맞이합니다. 그런데 현실의 기후위기는 다릅니다. 우리 사회에서 불평등을 겪고 있는 사람들, 사회적 약자, 소수자가 먼저 이 재난에 삶의 터전과 삶 자체를 위협받을 것입니다. 아니 위협받고 있습니다. 기후위기라는, 이 전 지구적 재난은 기존의 불평등과 차별을 심화하니까요. 저는 이것을 막기 위해 기후 활동을 합니다.

더구나 기후위기, 비단 사람들만의 문제가 아닙니다. 사람보다 훨씬 많은 야생동물, 우리가 가축이라 이름 붙여 평생 학대하고 착취하는 축산 동물 역시 기후위기에 내몰린 최전선 당사자입니다. 이들은 정말 영문도 모른 채, 아무 죄 없이 재난에 내몰렸습니다.

기후위기. 우리 모두 알다시피 인간 활동으로 야기된 문제입니다. 그리고 우리는 이를 막기 위해 무엇을 해야 할지, 그 답을 이미 알고 있습니다. 몇십 년 전부터 알았죠. 바로 온실가스 배출의 주범인 화석연료를 줄이는 것입니다. 그냥 줄이는 게 아니라 아주 빠르게 줄여야 합니다.

화석연료. 어떻게 줄일까요? 여러 가지 방법 중, 단기간에 효과를 내는 방법이 있습니다. 바로 화석연료 산업에 들어가는 돈줄을 다른 곳으로 옮기는 것입니다. 재생에너지를 늘리는 데에, 기후위기로 인해 심화되는 불평등을 줄이는 활동들에 옮겨야 합니다. 우리는 이를 이미 알고 있습니다. 그렇다면 이 방법을 현실에서 잘 실천하고 있느냐. 아무리 조사해 봐도 물음표만 찍힙니다. 전 세계 금융정책, 국제사회의 분위기가 화석연료 투자를 줄이는 방향으로 나아가고 있지만, 그 속도가 충분하지 않습니다.

이야기를 좀 더 좁혀 우리나라 상황을 볼까요? 한국의 금융기관들, 여전히 화석연료 산업에 막대한 금융 지원을 하고 있습니다. 해외 금융기관들은 화석연료 산업에 투자를 제한하는 정책을 세우고 이행하고 있는데요, 국내 금융기관들은 사실상 방관하고 있는 수준입니다.

더욱 심각한 것은 민간 금융기관들보다 공공 금융기관들이 더하다는 것입니다. 국민연금을 예로 들어 볼까요? 국민연금은 국내 최대 석탄 투자자입니다. 그뿐만 아니라 세계적으로도 손꼽히는 석탄 투자자입니다. 국민연금도 눈치가 보였는지 지난해(2021년) 탈석탄 선언을 했는데요. 일 년 반이 지난 지금까지도 구체적인 이행 정책을 내놓지 않고 있습니다. 자기가 한 약속을 뭉개고 있는 것입니다. 기후위기에 어떻게 대응해야 할지 답도 나와 있고, 그래서 약속도 했는데, 이를 실행할 정책적 의지가 없는 것입니다. 이것이 기만 아니고 무엇입니까?

다른 예를 들어 보겠습니다. 우리나라 공적 금융기관인 수출입은행과 무역보험공사. 호주의 대규모 화석가스 사업인 바로사 가스전에 금융지원을 하려 합니다. 이 바로사 가스전이 돌아가면 엄청난 양의 온실가스가 배출될 것이 뻔하고, 심지어 이 가스전 인근에 사는 섬의 원주민들에게 제대로 된 설명도 하지 않고 추진된 사업입니다. 이를 이유로 호주 법원은 바로사 가스전에 대한 허가를 다시 불허로 돌리는 판결을 최근 내놓았습니다. 이런 가스전에 우리나라 수출입은행, 무역보험공사가 금융 지원을 하려고 하고 있습니다. 이것, 막아야 하지 않겠습니까?

기후재난을 막아야 하는데 민간 금융기관들, 국민연금, 수출입은행, 무역보험공사, SK, 포스코 같은 금융기관과 대기업들은 여전히 화석연료 사업을 벌이고 돈줄을 대고 있습니다. 그러면서 여러 가지 변명을 합니다. 한마디로 요약하자면 이것입니다. "현실적으로 이런 이런 여건들이 있다. 그래서 멈추기 어렵다."

이들에게 묻고 싶습니다. 대체 기후위기보다 명징한 현실이 무엇입니까? 기후재난보다 위급한 현실이 무엇입니까?

우리 모두의 삶을 관통하는 기후위기 현실. 이 기후위기에 맞선 기후정의 활동. 서로 뜨겁게 연대하면서, 지치지 않고 오래 하기 위해 살뜰히 돌보면서 가열차게 해 봅시다. 한수연이었습니다.

이상홍 _ 경주환경운동연합

> "핵발전은 기후위기의 대안이 될 수 없습니다.
> 기후위기의 대안은 바로 우리 옆에 있습니다.
> 햇살과 바람이 우리를 반기고 있지 않습니까?"

오늘은 역사적인 날입니다. 이곳 서울뿐만 아니라 전국에서 기후정의를 외치며 행진을 펼치고 있습니다. 8.15 광복만큼이나 벅찬 날입니다. 21세기 3.1 만세운동이 바로 지금, 여기에서 펼쳐지고 있습니다.

그런데 한 가지 우려가 있습니다. 이 숭고한 우리의 운동을, 지구의 뭇 생명이 함께 살아가기 위한 이 행진을 악용하는 자들이 분명 있습니다. 기후위기 극복이 시급하니 화석에너지 대신 핵발전을 늘리자고 주장하는 악마의 외침이 있습니다. 그것도 권력의 심장부인 용산에서 울려 퍼지고 있습니다.

여러분! 기후위기 극복을 위해 핵발전을 늘리자는 악마의 외침에 동의하십니까? 우리의 21세기 3.1 만세운동이 핵마피아의 선전 도구가 되어선 안 되기에 오늘 우리의 외침이 더욱 중요합니다.

우리 다 함께 팔뚝질 높이 외쳐 봅시다.

"핵발전은 기후위기의 대안이 아니다!"

저기 경주 행진단의 펼침막을 한번 봐 주십시오. "핵발전은 기후위기의 대안이 아니다"라고 쓰여 있습니다. 광목천에 쓰인 저 글귀는 붓으로 쓴 글씨가 아닙니다. 글자 모양으로 천을 오려서 한 땀 한 땀 바느질로 광목천에 붙여서 만든 펼침막입니다. 그 정성이 느껴지십니까! 이런 정성이 모여서 924 기후정의행진을 만들고 있기 때문에 오늘 우리의 21세기 3.1 만세운동은 반드시 승리할 것입니다. 작은 정성을 모아 큰 기적을 만들고 있는 경주 참가단 펼침막을 만든 분들에게 박수와 환호를 보내 주십시오.

다시 한번 외쳐 봅시다.

"핵발전은 기후위기의 대안이 아니다!"

네, 우리는 이렇게 승리를 만들어 가고 있습니다.

그리고 시민 여러분! 상복을 입고 관을 끌면서 행진하고 있는 분들을 한번 돌아봐 주십시오. 먼저, 먼 길 달려오신 저분들에게 큰 박수와 함성을 보내 주십시오. 저분들은 월성핵발전소 앞에서 9년째 천막 농성을 하고 있는 주민들입니다. 더 이상 핵발전소 앞에서 불안해서 못살겠다. 제발 이주시켜 달라! 더 이상 방사능에 피폭되면서 살 수 없다! 제발 이주시켜 달라! 주민들은 절규의 외침을 9년째 우리 사회에 타전하고 있습니다. 우리의 심장이 수신기가 됩시다. 더 이상 허공에 타전하게 방치하지 맙시다. 저분들의 투쟁이, 저분의 망가진 몸이 '핵발전은 기후위기의 대안이 될 수 없는' 생생한 증거입니다.

다 함께 외쳐 보겠습니다.

"이대로는 살 수 없다. 핵발전 주민 이주 대책 마련하라!"

핵발전소 주민 이주를 지원하는 법안이 작년(2021년) 8월 26일 국회 발의되었습니다. 이 법안 빨리 통과되어야겠지요! 이 법안 빨리 통과시켜서, 주민들 피눈물 이제 그만 흘려야 되겠지요!

다 함께 외쳐 보겠습니다.

"주민 이주 법안 국회 통과 촉구한다."

시민 여러분, 핵발전은 기후위기의 대안이 될 수 없습니다. 도둑놈 잡겠다고 강도를 집안에 들일 수 없습니다. 다이어트 하겠다고 굶어 죽어서야 되겠습니까? 기후위기의 대안은 바로 우리 옆에 있습니다. 햇살과 바람이 우리를 이렇게 반기고 있지 않습니까? 태양과 바람의 나라가 바로 우리의 대안입니다.

다시 한 번 외쳐 보겠습니다.

"핵발전은 기후위기의 대안이 아니다!"

"잘 가라, 핵발전소! 오라, 태양과 바람의 나라여!"

후쿠시마 핵사고와 같은 핵발전의 위험성을 구구절절 말씀드리지 않겠습니다. 10만 년을 보관해야 하는 핵폐기물의 위험성도 구구절절 말씀드리지 않겠습니다. 우리는 이미 잘 알고 있기 때문입니다. 며칠 전 MBC 뉴스에서 방사능이 줄줄 새고 있는 영상을 우리는 똑똑히 보았습니다. 이것이 현실이고, 진실입니다.

시민 여러분, 우리에게 주어진 시간이 얼마 남지 않았습니다. 2030년까지 탄소배출을 절반 이하로 줄여야 합니다. 2050년까지 탄소배출을 영으로 만들어야 합니다. 우리에겐 주어진 시간이 없습니다. 이미 핵발전 밀집도 전 세계 1위인 대한민국에서 어디에 몇 개의 핵발전소를 더 건설해서 기후위기에 대응한단 말입니까? 핵마피아들의 새빨간 거짓 선동에 더 이상 속지 맙시다. 한 번뿐인 인생, 속고 살면 억울하잖아요!

시민 여러분, 늘 우리 곁에 있는 햇살과 바람에게 사랑을 주십시오. 우리와 더 친하게 지내고 싶어하는 햇살과 바람에게 손 내밀어 주십시오. 핵발전이 아닌, 바람과 태양의 나라로 기후위기에 대응합시다.

마지막으로 외쳐 보겠습니다.

"핵발전은 기후위기의 대안이 아니다."

"주민 이주 법안 국회 통과 촉구한다."

"잘 가라, 핵발전소! 오라, 태양과 바람의 나라여!"

21세기 3.1 만세운동인 기후정의행진을 반드시 승리로 장식합시다! 고맙습니다.

임종란 _ 민주노총 화섬식품노조 파리바게뜨지회

> "기후위기는 노동자의 참여 없이는
> 해결할 수 없다고 했습니다.
> 노동자와 대화는커녕 노동자를 탄압하는 기업이
> 기후위기에 제대로 대응할 리 없습니다."

　SPC 노동자이자 파리바게뜨 제빵, 카페 기사들이 모인 노동
조합의 지회장입니다. SPC는 파리바게뜨, 던킨도너츠, 배스킨
라빈스, 파스쿠찌, 포켓몬빵 등 여러 식품 프랜차이즈가 소속
되어 있는 식품 대기업입니다.

　현재 진행되고 있는 기후위기는 동식물뿐만 아니라 모든 인
간에게도 직접적 영향을 끼칩니다. 불평등한 사회구조에서 기
후위기는 차별적으로 나타납니다. 기후위기로 건강, 생명, 주
거, 노동권 등을 잃는 사람들이 생겨, 이로 인한 불평등은 더욱
심해집니다. 그렇기에 기후위기는 인권의 문제라고도 할 수 있
습니다. 현재의 기후위기는 일회용품 사용을 줄이고 에너지를

아껴 쓰는 개인의 작은 노력만으론 부족합니다. 가장 큰 이익을 얻으면서도 책임지지 않는 대기업들과 이를 방관하는 국가가 기후위기를 더욱 앞당기고 있습니다.

SPC삼립은 2018년 식품가공 자회사들의 수익이 약하다는 이유로 흡수 합병 후 공장 증설로 온실가스 배출량이 증가했습니다. 여러분, 포켓몬빵 전부 아실 겁니다. 올해 2월 추억팔이를 하며 출시된 포켓몬빵은 빵과 함께 들어 있는 띠부씰을 모으기 위한 고객들의 편의점, 대형마트 등 오픈런 현상까지 보이며 엄청난 이익을 거둬들였지만, 정작 노동자들의 수고로 만들어진 빵은 길거리에 전단지 버리듯 버려졌습니다. 매출 증가로 기업 이익에 눈이 멀어 포켓몬빵은 시즌 4까지 연달아 출시했지만, 먹지도 않고 버려지는 빵에 대한 대책은 없었습니다.

또 SPC 계열사 중 하나인 배스킨라빈스에선 작년 한 해 사용한 분홍색 스푼이 1억5천만 개였다고 합니다. 국내 매장에서 하루 200~300개씩 사용하는 셈입니다. 이 또한 계속해서 문제 제기되고 있지만 아무런 대책을 마련하고 있지 않습니다. 이미 많은 유럽 국가들은 작년부터 일회용 스푼을 포함한 10여 가지의 일회용품을 규제하고 있습니다. 기업은 플라스틱 생산량을 투명하게 공개해 감축에 대한 구체적 목표를 제시해야 합니다.

나쁜 기업은 나쁜 짓을 하나만 하지 않습니다. 불법 파견을 해소하고자 한 사회적 합의는 지켜지지 않았고, 노조 파괴 공작까지 벌이다 지금 압수수색 조사를 받고 있습니다. 이 문제를 해결하고자 올해 53일간의 단식 투쟁을 했고, 시민사회 분들과 다섯 명의 간부들의 집단 단식까지 이어졌지만, SPC그룹은 사회적 합의가 이행됐다며 거짓말을 하고, 단순 노노 갈등이라며 대응조차 하지 않고 있습니다. 오히려 우리 농산물과의 상생, ESG 경영을 외치며 언론 플레이에 힘을 쏟고 있습니다.

우리 파리바게뜨 제빵, 카페 기사들은 하루의 수십, 수백 개의 일회용품을 뜯어 가며 제품을 생산합니다. 이른 아침부터 퇴근 시간까지 정해진 생산량을 맞추기 급급해 휴식 시간까지 포기해 가며 근무합니다. 불법 파견으로 직원들을 고용해 그동안 이윤만 챙겼으며 인권은 안중에도 없습니다. 파리바게뜨 매장 수가 늘어나고 SPC그룹의 온실가스가 늘어나도, 국산 농산물 구매를 상생이라 외치고, 직원들의 건강권, 인권은 무시하며 회장님의 곳간만 채우는 기업이 무슨 ESG 경영을 말할 자격이 있겠습니까. 올해 초 신년식에서 회장님은 "고객과 시장의 기대를 뛰어넘는 경험을 제공하고 사회적 책임을 다하는 글로벌 100년 기업으로 성장합시다"라고 말했다고 합니다. 4년 전 사회적 합의도 제대로 이행하지 않았으면서 사회적 책임을 다하겠다는 그 말은 우리 제빵, 카페 기사들과 시민사회에 대한 기만이 아닐 수 없습니다.

기후위기는 노동자의 참여 없이는 해결할 수 없다고 했습니다. 노동자와 대화는커녕 노동자를 탄압하는 기업이 기후위기에 제대로 대응할 리 없습니다. SPC 파리바게뜨가 말만이 아닌 진짜 ESG 경영을 할 수 있도록 파리바게뜨 노동자들이 이 투쟁 반드시 승리하도록 하겠습니다. 감사합니다.

정진영 _ 경남기후위기비상행동

> *"시시각각 다가오는 고용 불안과 지역 해체,*
> *기후재난에서 살아남기 위해*
> *한마음으로 우리의 목소리를 내어야 합니다.*

경남에는 석탄화력발전소가 14개로 전국에서 충남 다음으로 많습니다. 하동석탄화력발전소 7, 8호기와 작년에 새로 가동한 고성하이석탄화력발전소를 제외하면, 2030년 내 10기 대부분이 폐쇄가 될 예정입니다.

지난 9월 1일 민주노총 경남본부에서는 '잔인하지 않은 에너지를 사용하고 싶다'는 제목의 간담회가 진행되었습니다. 이 자리에서 발전 비정규직 노동자들의 고용에 대한 불안도와 정신 건강에 대한 설문 결과가 발표되었습니다. 발전 비정규직 노동자들도 기후위기의 심각성을 인정하고 있었습니다. 그러나 산업 역군으로 칭송할 때는 언제고 이제는 기후위기의 주범이니 일터를 나가라고 하니 노동자들의 고용 불안이 극에 달한 것은 너무나도 당연한 일입니다. 발전 비정규직 노동자들의 직업 불안정 점수는 코로나19로 생계 불안을 느끼는 자영업자보다도 더 높았습니다. 그러나 정부와 경상남도는 기후위기 대응에도 관심이 없고 노동자들에 대한 일자리 대책도 전무한 상태입니다. 정의로운 전환이 무엇인지도 모르고, 발전소 현황과 고용 실태 전망에 대한 용역도 진행되지 않고, 이해 당사자들의 목소리를 듣고자 하는 시도조차 하지 않고 있습니다.

또한, 폐쇄되는 석탄화력발전소가 LNG화력발전소로 전환되면서 지역에서는 지역 주민들 간의 유치 갈등으로 인한 폭력 사태가 벌어지고 있습니다. 백두현 전 고성군수가 남해군과 대구시가 철회한 LNG화력발전소 유치의향서를 남동발전에 제출하는 과정에서, 주민들끼리 사이가 좋았던 신덕마을과 덕명마을은 찬성 주민이 반대하는 이장님의 머리채를 잡고 내동댕이쳐 이장님이 두부 손상으로 인한 출혈로 응급실에 실려 가는 끔찍한 폭력 참사가 발생했습니다. 또 2024년 1월이면 폐쇄될 삼천포석탄화력발전소 3, 4호기의 LNG화력발전 전환 설명회가 이어지는 가운데, 남동발전 건물에 도장업을 하는 업체 사장이 LNG 반대 활동을 하는 활동가의 코뼈를 부러뜨려 활동가가 수술을 받는 일도 있었습니다. 이처럼 그 지역에서는 많이 쓰지도 않는 전기를 생산하기 위해 공동체가 해체되고 폭력

사태가 벌어지는 일이 이어지고 있습니다.

상위 소득 10퍼센트가 산업혁명 이후부터 지금까지 배출된 온실가스의 52퍼센트를 배출하였고, 하위 소득 50퍼센트는 고작 7퍼센트의 온실가스를 배출했다고 합니다. 우리가 기후위기에 대응할 수 있는 시기는 앞으로 8년이 채 남지 않았습니다. 현재 이산화탄소 농도는 421ppm이고, 450ppm이 넘으면 인류는 구테흐스 유엔 사무총장이 말하는 집단 자살로 가게 됩니다. 지금은 남은 탄소예산을 누가 얼마나 어떻게 쓰고 어떻게 최소한으로 배출해서 살아남아야 할지를 결정해야 하는 긴박한 순간입니다.

이번 서울 이틀간의 기록적 폭우에 자신들이 아끼던 외제차 2,500대가 휩쓸려 보험료가 오르니 마니 하며 속상해 하는 이들과, 신림동 반지하 침수로 집에서 미처 빠져나오지 못해 죽음을 맞이한 발달장애 가족 중 누가 온실가스를 줄였어야 집단 자살을 면하고 기후위기 공동 대응으로 나아갈 수 있습니까! 텀블러, 손수건, 자전거 타기로 지금의 기후위기를 막아 낼 수 없다는 것을 우리는 이미 잘 알고 있지만 나라에서 시키니 열심히 실천했는데, 그 사이 러시아-우크라이나 전쟁으로 석유 기업들이 온실가스를 펑펑 내뿜으면서 쓸어 모은 돈은 1,800조 원이라고 합니다. 과연 누가 줄여야 합니까? 왜 탄소를 7퍼센트밖에 배출하지 않는 우리가 고용 불안과 우울증으로 고통받고 공동체가 해체되고 기후재난에 목숨을 빼앗기는 불안에 떨어야 합니까?

어제 오전에 경남 곳곳에서는 이곳 서울에 올라오지 못하는 초등학생 천여 명이 9.23 기후정의행진을 진행했습니다. 저도 김해 구봉초 아이들과 함께 했는데 한 아이가 "잘 먹고 잘살면 지구가 아파요"라고 외치는 것을 들었습니다. 이 아이는 기후위기는 인간이 너무 과한 욕심을 부려서라는 것을 잘 알고 있었습니다. 저는 아이에게 하나만 더 말해 주고 싶었습니다. 과한 욕심을 부리는 인간들이 좋아하는 GDP라는 성장이 우리를 행복하게 만든다는 신화에서 벗어나게 된다면 우리 모두가 평등하게 잘살고 지구도 건강해질 수 있다고 말입니다.

이제 우리는 무엇을 바꾸어야 하는지 근본적인 고민을 해야 합니다. 불평등, 부정의라고 부를 수 있는 현상들이 기후위기로 드러나는 모습과 다르지 않음을 알고, 불평등과 부정의를 타파하기 위한 모든 노력에 우리가 함께해야 합니다. 시시각각 다가오는 고용 불안과 지역 해체, 기후재난에서 살아남기 위해 한마음으로 우리의 목소리를 내어야 합니다. 그 길에 경남기후위기비상행동도 끝까지 함께하겠습니다. 감사합니다.

윤호숙 _ 노동당

> *"대량 생산, 대량 소비, 대량 폐기의*
> *자본주의 체제를 전환하지 않는다면*
> *기후위기를 해결하지 못할 것입니다."*

기후정의의 길에 함께하기 위해 전국 각지에서 모인 기후 시민 여러분, 그리고 주변에 함께하고 계신 시민 여러분, 반갑습니다. 저는 기후정의와 체제 전환을 위해 싸우는 노동당 당원 윤호숙이라고 합니다.

요즘 날이 선선해졌습니다. 폭염이 지나니 이제 좀 살 만하지요? 하지만 이도 잠깐이고 마음속으로는 아직 끝나지 않은 태풍과 혹시 모를 올겨울 한파가 또 걱정입니다. 혹시나 반지하나 좁은 평수의 집에 살고 있다면, 노약자이거나 비정규직이거나 통장 속 잔고가 적으면 적을수록 걱정은 더 크겠지요.

지난여름 집중호우로 발생한 재난은 모두에게 너무나 큰 충격이었습니다. 길을 걷다 맨홀에 빠져 죽고, 자기 집 지하 주차장에서 물에 빠져 죽고, 세 명의 한 가족 모두가 다른 곳이 아닌 자기 집에서 익사하여 몰살당하는 일까지 벌어졌습니다. 누구에게나 집은 마지막의 유일한 안식처입니다. 그런데 그 안식처마저 끔찍한 죽음의 장소가 되었습니다. 너무나 공포스러운 현실입니다. 이제 그 어디도 안전한 곳이 없다는 것입니다. 아, 이런 것이 기후재난이구나, 기후재난이란 너무나 끔찍하고 공포스러운 일이구나, 생각했습니다.

여기서 더 생각해 봐야 할 것이 있습니다. 바로 재난의 불평등입니다. 기후재난의 피해가 누구에게나 똑같이 닥치는 것이 아니기 때문입니다. 기후재난은 억울한 피해자들을 만듭니다. 불 지른 놈들은 따로 있고, 불에 타 죽는 사람 따로 있는 것입니다.

지구를 뜨겁게 만드는 온실가스, 누가 배출하고 누가 피해를 입고 있습니까?

기후재난을 겪는 사람들은 어떤 사람들입니까? 가난한 사람들, 사회적 약자들이 가장 큰 피해를 보고 있습니다. 어떤 사람들이 떠오르시나요? 우선 열악한 주거 환경에 사는 빈곤층, 기후재난에 대피하기 어려운 장애인, 노인과 아이들처럼 온열질환에 취약한 사람들이 떠오르실 겁니다. 하지만 기후재난의 피해는 더 광범위합니다. 폭염에서도 쉬지 못하고 일해야 하는 노동자들, 가뭄과 홍수로 일 년 농사를 망치게 된 농민, 해수 온도가 높아져 양식장을 망친 수산업자들, 식량위기, 원자재 가격 급등, 물가 상승으로 생활고를 겪는 수많은 보통의 사람들, 열대야 속에서 잠 못 들며 건강을 잃고 삶의 질이 하락하는 사람들…. 바로 여기를 지나고 있는 보통의 평범한 사람들이 재난을 겪습니다.

반면에 기후위기로 이익을 보는 사람들이 있습니다. 바로 온실가스 배출의 주범들입니다. 재앙을 만들면서 이익을 보고 있는 사람들, 누구입니까? 1988년 이후 배출된 세계 온실가스의 71퍼센트가 단지 100개의 화석연료기업에서 발생했습니다. 한국 역시 상위 20개 기업이 전체 온실가스 배출량의 68퍼센트를 내뿜고 있습니다. 제가 살고 있는 인천도 마찬가지입니다. 인천 온실가스의 60퍼센트는 영흥석탄화력발전소에서 나오고 있습니다.

재앙을 만들면서 이익을 보고 있는 자들, 누구입니까? 바로 권력자들, 정부와 대기업들, 자본가들, 부자들입니다. 지금의 기후위기와 기후재앙에 가장 큰 책임이 있는 자들, 누구입니까? 바로 정부, 대기업들, 자본가들, 부자들입니다.

그러나 이렇게 기후재앙에 가장 큰 책임이 있는 권력자들과 자본가들은 무엇을 하고 있나요? 적극적인 탄소배출 감축 조치는커녕 오히려 관련 정보를 감추고, 재난의 와중에 규제 완화를 요구하고, 재난조차 돈벌이 기회로 이용할 궁리뿐입니다.

올해 상반기에만 에스케이, 지에스, 현대, 에스오일 정유 4사는 무려 12조 원이 넘는 영업이익을 챙겼다고 합니다. 사회적 약자들, 보통의 평범한 사람들이 기후재난으로 죽어 가는 동안 화석연료 에너지 대기업들은 오히려 엄청난 돈을 벌고 있습니다. 기후재앙 속에 사람들이 죽어 가는 동안 오히려 횡재를 하고 있는 것입니다.

올해 초 충격적인 소식이 또 하나 있었습니다. 온실가스 배출량이 오히려 늘어났다는 소식이었습니다. 그동안 수많은 사람들이 조금이라도 온실가스 배출을 줄이려고 일회용기 안 쓰기, 분리수거, 장바구니 사용하기, 에너지 절약하기, 음식물 쓰레기 줄이기, 나아가 채식주의로 삶의 방식을 바꿔 가면서 분투해 왔습니다. 그런데 왜 온실가스 배출은 줄지 않고 오히려 늘고 있는 것입니까? 기후위기는 시스템의 문제, 구조의 문제이기 때문입니다. 개인적인 실천만으로는 안 된다는 것입니다.

입으로는 석탄발전소 폐쇄하겠다 하면서 대용량의 신규 석탄발전소를 짓고 있는데 어떻게 온실가스 배출이 줄겠습니까? 재생에너지 확대한다면서 논과 들과 숲을 망가뜨리며 태양광 패널을 돈벌이 수단으로 전락시키는데 어떻게 온실가스 배출이 줄겠습니까? 탄소중립 하겠다면서 탄소배출 규제는커녕 탄소배출권을 기업에 퍼 주고 있는데 어떻게 온실가스 배출이 줄겠습니까?

한국의 온실가스 12퍼센트를 단독으로 배출하는 기후 악당 기업 포스코는 정부가 공짜로 나눠 준 탄소배출권을 팔아 지난 5년간 5천억의 추가 수입을 올렸다고 합니다. 삼성전자도 수십억의 이익을 봤다고 합니다. 탄소중립, 탄소배출권 거래제는 기만이고 사기입니다.

시민 여러분, 기후위기의 진짜 원인은 따로 있습니다. 탄소가 무슨 죄가 있습니까? 탄소는 생명의 원소입니다. 대량, 과잉이 문제입니다. 탄소를 무제한으로 엄청난 양으로 펑펑 배출하는 이 자본주의 체제가 문제입니다. 생명보다 이윤을 앞세우는 이 자본주의 체제가 문제입니다. 대량 생산, 대량 소비, 대량 폐기의 이 자본주의 체제. 이 체제를 전환하지 않는다면 기후위기를 해결하지 못할 것입니다.

시민 여러분, 어떻습니까? 이 자본주의 기업과 정부가 과연 기후위기 문제를 해결할 수 있겠습니까? 아닙니다. 이제 우리는 더 이상 이들을 믿을 수 없습니다. 자본주의 기업과 정부는 기후위기를 해결할 수 없습니다. 이제 시민과 노동자가 주체로 나서야 합니다.

시민 여러분, 기후위기는 해결할 수 없는 재난이라고 생각하십니까? 아닙니다. 역설적이게도 코로나19가 해결책을 보여주었습니다. 공장 가동을 줄이고, 사람들의 이동량을 줄이고, 석탄·석유 소비량이 3분의 1로 줄자 대기오염 50퍼센트가 급감하고 탄소배출량 25퍼센트가 줄었던 사례를 기억할 필요가 있습니다. 고삐 없는 자본을 통제해야 합니다. 규제 완화가 아닌 규제 강화가 필요합니다. 대기업들에 탄소 감축 배출을 강제해야 합니다. 과잉생산을 규제하고 노동시간을 단축하고, 석탄화력을 폐쇄하고, 재생에너지를 확대하고, 자동차를 줄이고 공공 교통을 확대하고. 해결책은 이미 나와 있습니다. 권력자들과 자본가들이 실행하지 않을 뿐입니다.

비상한 사태에는 비상한 대응이 필요한 법입니다. 우리 생명의 집이 불타고 있습니다. 우리는 제대로 행동하고 있습니까? 안타깝게도 이 불은 한 바가지 물로는 끌 수 없는 불입니다. 개인적인 실천만으로는 어림없습니다. 큰불은 불길을 잡아야 끌 수 있습니다.

우리는 불길을 잡을 수 있게 목소리를 제대로 내고 있습니까? 우리는 불길을 잡을 수 있게 제대로 행동하고 있습니까?

여러분, 기후정의 체제 전환이 우리의 답입니다. 기후재난이 일상이 되고 있고, 재난의 공포와 불안도 커지고 있습니다.

기후위기의 원인은 바로 이 불평등의 체제입니다. 이 불평등의 체제는 기후위기를 만들었을 뿐 아니라, 재난의 불평등을 심화시키고 있습니다.

기후정의와 체제 전환을 외칩시다. 생명과 건강과 안전은 이윤보다 소중합니다. 더 이상의 침묵과 방관은 용납될 수 없습니다. 권력자들과 자본은 이 위기를 해결할 수 없습니다. 보통의 사람들, 노동자·시민의 힘으로 기후정의, 체제 전환을 실현합시다.

이윤보다 생명이다! 성장보다 공존이다!
우리가 대안이다.
자본주의 철폐하자!
지금 당장 기후정의!
지금 당장 행동하라!

924 기후정의행진

오픈마이크 발언문

이지언 _ 환경운동연합

"석탄발전 건설을 취소하고
정의로운 에너지 전환을 촉진하기 위한 법,
탈석탄법을 요구합니다."

안녕하십니까. 저는 환경운동연합 활동가 이지언입니다.

한국에서 기후변화 정책이 본격적으로 시작된 지 15년이 지났습니다. 2008년 정부가 '저탄소 녹색성장'을 국가 비전으로 선포했었죠. 저는 새삼 뭐가 달라졌는지 묻게 됩니다. 우리 사회가 이룬 의미 있는 성과와 변화가 있었는지요.

잘 모르겠습니다. 솔직히 상황은 더 악화됐습니다. 말로는 '저탄소'를 외쳤지만, 그간 온실가스는 줄지 않았습니다. 생물다양성은 줄고, 불평등 수준은 커졌습니다. 달리 좋게 설명할 수 있는 성적표가 있을까요? 그 사이 기후는 재난의 얼굴을 하고 우리 앞에 있습니다.

'화석연료와 생명 파괴 체계를 끝내자.' '당사자의 힘과 목소리를 키우고 불평등과 맞서기 위해 연대하자.' 오늘 기후정의 행진의 모토이죠. 제가 얘기하려는 석탄발전도 이 체계의 일부입니다. 석탄발전은 국가 온실가스의 25퍼센트를 배출하는 주범으로 잘 알려졌습니다. 대기오염과 독성 화학물질을 다량으로 내뿜어 사람과 생태계 모두에게 치명적입니다. 여러 국가에서 석탄발전 감축을 기후 대책의 우선순위에 올려놓는 이유입니다. 모두가 인정합니다. 석탄발전은 해롭다는 사실을요. 다들 석탄발전을 줄여 나가자고 얘기합니다.

그럼 탈석탄이, 정의로운 에너지 전환이 일어나고 있을까요? 그런 일은, 우리가 전환이라고 부를 만한 변화는 아직 시작도 못 했다는 겁니다. 기후재난 시대에, 석탄을 빠르게 줄여 나가도 모자랄 때, 지금 이 순간에도 석탄발전 건설 공사가 계속되고 있다는 사실, 알고 계십니까? 강원 삼척, 강릉 동해안에 4기의 석탄발전소가 지어지고 있습니다.

대체 뭘 위한 사업입니까? 수도권에 대규모 전력을 보내기 위해서. 대체 누굴 위한 사업입니까? 사업자인 포스코, 삼성 같은 민간 대기업.

말로는 국가의 안정적 전력 공급, 값싼 전력 생산이란 명분을 내세웁니다. 대량생산-대량소비 체계를 유지하려면 소외된 공동체와 사람들의 희생은 어쩔 수 없다면서요. 우리 사회가 밀양 사태에서, 월성원전 나아리 주민들의 투쟁에서, 석탄 발전의 희생을 강요받은 충남도민들의 호소로부터 과연 교훈을 얻었던 걸까요?

석탄발전소 이제 지으면 또 언제까지 돌리겠다는 겁니까? 정부는 석탄발전의 가동 기간을 30년으로 제시합니다. 30년이요. 지난달 정부는 그 기준을 다시 확인했습니다. 그럼 지금 짓는 석탄발전소는 2050년 넘어서 폐지하겠다는 겁니까? 우리 시민들, 화력발전 노동자의 미래 모두 불안하기만 합니다.

국회가 탄소중립법을 제정해 2050년 목표를 달성하겠다 했는데, 석탄발전 같은 고탄소 인프라를 계속 짓고 30년 운영을 보장하겠다는 이런 모순이 어디 있습니까?

지금이라도 늦지 않았습니다. 공공 이익과 기후 생태계 보호를 우선할지, 소수 기업의 이익 보호를 우선할지의 선택입니다. 공익과 기후 보호가 더 중요하다면 이제라도 석탄발전소 건설을 멈추고 취소해야 합니다.

그런 법이 없다구요? 그럼 법을 만들면 됩니다. 법은 무엇입니까? 그 사회의 정치적 의지와 합의입니다. 기후 비상사태에서 긴급 대책이 요구된다면 그에 맞는 제도를 갖춰야 하는 것입니다.

석탄발전 건설을 취소하고 에너지 전환을 촉진하기 위한 법,

탈석탄법을 요구합니다. 석탄발전을 폐지하고 에너지 전환, 정의로운 전환을 당장 서둘러야 합니다. 그런데 정부는, 국회는 이 문제에 눈 감고 귀를 닫고 있습니다.

우리가 직접 나섭시다. 현재 진행 중인 탈석탄법 제정 5만 국민 동의 청원에 참여해 주십시오. 기후재난을 막기 위한 실질적 변화를 위한 법, 이런 법을 마련하라는 시민들의 요구를 정치권에 직접 전달합시다. 잠들어 있는 국회를 흔들어 깨웁시다. 시민들이 함께 행동해야만 변화는 가능합니다. 저도 여기 모인 여러분들과 더 연대하겠습니다. 감사합니다.

현아 _ 불꽃페미액션

> "저는 행복한 할머니가 되고 싶습니다.
> 나이 들어 죽고 싶습니다. 여성이라는 이유로,
> 기후위기로 인한 재앙으로 죽고 싶지 않습니다."

안녕하세요? 저는 불꽃페미액션 활동가 현아라고 합니다.

최근 불꽃페미액션은 2022년 9월 14일에 일어난 신당역 여성 살해 사건의 피해자를 추모하는 추모제를 열었습니다. 여기 계신 모두가 아시다시피, 신당역 여성 살해 사건은 불법 촬영, 스토킹, 직장 내 강간 문화라는 구조적 성폭력에 의해서 발생한 사건입니다. 친구들과 함께 만나서 슬퍼하고 애도하면서, 이런 구조적 문제로 인해서 실제로 우리가 죽을 수 있다고 이야기했습니다. 내가 여성이라서 죽을 수 있고 퀴어라서 죽을 수 있다고요.

이 나라는 스토킹이 살해로 이어질 가능성이 높은 범죄임을 알면서도 가해자 구속영장을 기각했고, 이익을 우선 삼아 2인

1조 지침을 지키지 않았습니다. 이 나라는 언제나 늘 국민의 생명에 대해 무심하고, 대신 기업의 이익에 관심을 가져 왔습니다. 윤석열 정부는 노후 원전의 수명을 연장하지를 않나, 재생에너지를 감축시키질 않나, 기후위기 그 자체입니다.

이렇게 국가가 다양성의 상생보다 위계질서에서 갑들의 이익을 우선하는 것은 젠더, 노동, 경제 등 모든 분야에서 일맥상통합니다. 가부장제는 인간의 가장 첫번째 이원론적 분류와 위계질서를 의미합니다. 남자는 하늘, 여자는 땅이라는 말처럼, 신자유주의와 제국주의, 글로벌라이즈는 가부장제와 같은 메타포를 공유하고 있으며 여성을 착취하듯 자연을 착취하기 때문입니다.

그래서 장난 반, 진심 반, 두려움 반으로 이 무관심과 두려움을 자조하기 위해 제가 자주 하는 말이 있습니다.

"어차피 8년 뒤면 우리 다 죽어."

전 이 말을 정말 자주 합니다. 왜냐하면 기후위기로 인한 참사와 쓰레기는 항상 빈곤한 곳으로 흐르고, 그 빈곤한 곳엔 늘 여성이 있고, 적어도 제가 거기 있음을 알고 있으니까요. 저는 기후위기로 인해 우리가 죽을 수 있음을 정말로 현실로 느낍니다.

전쟁이 기후위기를 앞당긴다고 하잖아요. 또 기후위기 자체가 전쟁을 일으키기도 합니다. 우크라이나에서 전쟁이 발발했을 때도, 일본에서 평화헌법 9조를 개헌한다고 했을 때도 죽음이 앞당겨 오고 있음을 느꼈습니다.

구조적 성차별이 없다고 이야기하고 선제 타격을 운운했던 윤석열 후보가 당선됐을 때, 정말로 당장 죽을 것같이 슬펐습니다. 저는 저와 제 친구들의 죽음에 대한 불안이, 매번 대한민국 정부와 연결되어 있음을 느낍니다.

신당역 여성 살해 사건을 겪으며 '내가 겪는 불안과 두려움은 국가가 바뀌어야 해소가 되는 것이구나'라는 것을 다시 한번 알게 되었습니다.

국가가 구조적 차별과 기후위기 문제를 인정하고, 젠더정의와 기후정의를 위한 상생의 정치로 바꾸어 나가야 합니다. 나서서 구조적 차별을 인정하고 사과하고 개선할 대책을 내어야 합니다. 재생에너지 생산을 늘리고 플라스틱 사용을 규제하고 글로벌라이즈에 대응하는 여성 중심의 로컬라이즈 정책을 마련해야 합니다.

하루하루 이런 이야기를 외칠 때 비로소 살고 싶다는 것을 깨닫습니다. 장난으로 '죽지 뭐' 이렇게 이야기하더라도 우리는 살고 싶기 때문에 모두 여기 나온 거잖아요.

국가에게 요구하고 싶습니다.

저는 적어도, 자연스럽게 천천히 병들어 가는 행복한 할머니가 되고 싶습니다. 나이 들어 죽고 싶습니다. 여성이라는 이유로, 기후위기로 인한 재앙으로 죽고 싶지 않습니다. 이 당연한 요구가 여러분들의 목소리와 함께 저 정부에 가닿길 바랍니다. 감사합니다.

명숙 _ 인권운동네트워크 바람

> *"차별의 사회에서 기후위기로 인한 재난은*
> *불평등을 더욱 심화시키기에*
> *기후위기는 인권의 문제입니다."*

안녕하세요. '인권운동네트워크 바람'이라는 인권단체에서 활동하는 명숙입니다.

오늘 기후정의행진에 수많은 사람들이 마음을 모을 거라고 하니 벌써부터 설렙니다. 그동안 인간들이 얼마나 지구를 착취했습니까? 이제라도 이렇게 모여 더 이상 지구에 존재하는 생명, 생태계를 착취하지 말자고 결의하니 더더욱 설렙니다.

어떤 사람들은 왜 인권활동가가 기후위기에 관심이 있냐고 반문하는 분도 계실 겁니다. 그러나 기후위기는 인권의 문제입니다. 기후위기는 인권의 문제라는 말은 세 가지 정도의 의미가 있습니다.

지난 8월 폭우로 많은 사람들이 목숨을 잃거나 삶터와 일터를 잃었을 때, 가장 큰 피해를 받고 고통받은 사람은 바로 가난하고 자원에 대한 접근이 제한된 사람들, 장애인, 노인, 빈민, 농촌 지역에 거주하는 사람들이었습니다. 의사결정권이 제약된 사람들, 사회적 소수자들입니다. 차별의 사회에서 기후위기로 인한 재난은 불평등을 더욱 심화시키기에 기후위기는 인권의 문제입니다. 일국적 차원만이 아니라 전 세계적으로 남반구와 북반구, 가난한 나라와 부자 나라의 기후와 생태계 착취와 파괴 문제가 커지고 있습니다.

두 번째, 기후위기가 인간의 여러 권리 중 사회적 권리, 노동권, 주거권, 건강권, 이동권, 식량권, 환경권 등을 악화시키기 때문입니다. 인간은 자연과 더불어 살아가지 않으면 안 되는 동물입니다. 환경에 대한 권리는 환경을 파괴할 권리가 아니라, 환경과 함께 공존할 수 있도록 노력하는 의무 없이는 누릴 수 없는 권리입니다. 지구의 온도가 올라갈수록 우리의 삶은 무너집니다. 세계보건기구who가 대기오염으로 매년 수백만 명이 조기 사망한다고도 발표했듯이 환경 파괴는 생명권까지 위협합니다.

세 번째, 기후위기를 인권의 문제로 접근하겠다는 것으로, 더 이상 기후위기를 심화시키지 않도록 기후위기의 책임자에게 그 책임을 묻고 기후위기를 양산하는 구조를 없애겠다는 선언입니다. 인권의 역사에서 인권 침해를 방지하기 위해서 가해자를 처벌하는 것이 인권의 원칙이었습니다. 또한 인권이 실현되는 사회를 만들기 위해서는 개개인의 노력만으로는 가능하지 않으며 사회구조와 질서를 바꾸어야 한다는 사회질서에 대한 변화가 인권의 방향이었기 때문입니다. 성장만을 절대 원리로 하는 자본주의 체제는 개발과 이윤을 목적으로 생태계 파괴를 심화시킵니다.

포스코는 한국 전체 온실가스 배출량의 약 10퍼센트를 차지하고, 삼성은 대표적인 에너지 다소비 기업으로 2021년 기준 탄소배출 6위 기업입니다. 상위 10대 그룹이 차지하는 온실가스 배출량이 2020년 기준 전체 배출량의 36퍼센트를 차지합니다. 한국은 2019년 이산화탄소 배출량 세계 9위입니다. 위기에 책임이 많이 있는 재벌과 국가가 기후위기를 심화시키지 못하도록 책임을 묻고, 탐욕의 자본주의 체제를 전환시킬 때 인권이 보장되는 사회로 나아갈 수 있습니다.

끝으로 두 가지 이야기를 덧붙이고자 합니다. 먼저 위기는 불평등하지만 기후위기를 풀어 나가는 과정과 방법은 정의로워야 한다는 점입니다. 정의롭지 않은 방식으로 기후위기에 대처한다면 이는 인권을 악화시킬 수 있으며 민주주의를 훼손하는 것입니다. 오늘 기후정의행진에 많은 사람들이 참여하는 이

유일 것입니다. 그러려면 위기를 초래하는 정책을 입안한 집단을 바꾸고 의사 결정 구조를 바꾸어야 합니다. 위기와 연관된 당사자들의 목소리에 힘을 높여야 합니다. 위기를 초래하는 불평등의 체제를 끝내기 위해 머리를 맞대야 합니다. 그 길에 인권운동가들도 함께하겠습니다.

그리고 지구의 생태계를 파괴하는 데 일조한 인간중심주의, 인간 동물이 비인간 동물을 착취하는 데 거리낌 없던 사유 방식, 생활 방식, 종차별주의에 대한 고민도 함께 해 나가길 기대합니다. 고맙습니다.

해미 _ 인권운동사랑방

> "나한테 인생 최대의 목표가 생겼어.
> 우리가 함께 건강하고 행복하게 늙어 가는,
> 그런 평범한 '우리의 내일'을 지키는 거야."

안녕, 친구야. 잘 지내고 있니?

나는 요즘 잘 지내는지는 모르겠지만, 잘 지내고 싶다는 생각을 종종 하면서 살고 있어. 원래는 그냥 눈을 뜨면 오늘이 시작되고, 또 눈을 감으면 내일이 오겠지, 그렇게 살다 보면 살아지겠지, 하고 살았거든? 근데 이 오늘과 내일이, 지금 여기 우리가 살아가는 세상에서는 그리 당연한 게 아니더라고.

그래서 얼마 전에 나한테 인생 최대의 목표가 생겼어. 이게 참 평범해 보이는데, 내가 지금까지 도전했던 그 무엇보다도 가장 어려운 것 같아서 혼자 힘으로는 도저히 안 되겠더라구. 네가 함께해 줬으면 하는 마음에 이 편지를 쓰게 되었어.

그건 바로… 우리가 함께 건강하고 행복하게 늙어 가는, 그런 평범한 '우리의 내일'을 지키는 거야.

내가 편지를 읽고 있는 지금 이 자리는 '이대로 살 수 없다'고 외치며 기후정의를 실현하려는 존재들을 위해 마련되었어. 아마도 너는, 대체 이 '기후정의'가 우리의 내일을 지키는 거랑 무슨 상관인가 싶어서 갸웃거리고 있지 않을까 싶어.

보통 '기후'라는 말을 들으면 '날씨'처럼 하늘이 만들어 내는 자연현상이 먼저 떠오르기 마련이잖아. 덥거나 춥고, 또 비와 눈이 내리고 바람이 불고 하는. 이렇게 그저 모두가, 똑같이, 또 어쩔 수 없이 겪을 뿐인 일에 정의가 필요하다니? 네가 이상하게 느끼는 게 당연해. 왜냐하면 여기엔 '정의'가 싸워 무너뜨려야 하는 악당, '부정의'가 보이지 않거든.

우리의 어제를 한번 돌아봤을 때, 가깝게는 지난 8월 폭우가 떠오르네. 기억나? 정말 숨 쉴 틈도 없이 비가 쏟아지는 바람에 온몸이 젖고, 물난리가 난 버스와 지하철에서 진을 빼고, 집에서까지 폭풍으로 흔들리는 창문 소리에 불안해 했잖아. 그래도 어쨌든 너와 나는 이렇게 살아남아서 편지를 쓰고, 또 편지를 듣는 오늘을 살게 되었어. 참 다행인 일이지.

그런데, 정말 그뿐이라고 하기엔 우리는 이미 폭우가 수많은 존재들의 '내일'을 빼앗아 가는 걸 목격했어. 누군가는 삶을 일군 가게와 땅의 물건이고 음식이고 다 젖거나 쓸려 가 버리면서 생계가 막막해졌다거나, 그 궂은 날씨에도 일을 해야 돼서 높은 곳에 올라갔다가 미끄러져서 죽고, 감전돼서 죽고, 흙더미에 깔려 죽었지. 또 누군가는 반지하나 컨테이너에 고립되어서 '혼자' 죽거나, 거동이 불편한 가족, 가령 장애가 있거나 아프거나 나이가 많거나 적은 가족과 '함께' 살아서 나가려다가 '함께' 죽고 말았어. 죽은 건 사람만이 아니야. 철저하게 인간 동물만을 위해 설계된 지구 곳곳에서 속수무책으로 죽어 나간 수많은 비인간 동물들도 있으니까.

폭우는 단순히 자연현상, 혹은 자연재해라고 하기엔 너무 많은 생명을 앗아 갔던 '재난'이었어. 그리고 무엇보다 중요한 건, 그 재난의 피해가 모두에게 다 다르게, 더 정확하게는 '불평등하게' 나눠졌다는 점이야. 너의 말처럼 우리 모두가 똑같이 경험하지도 않았을뿐더러, 오히려 누군가가 '더' 극심하게 피해를 떠안아야 했지. 폭우는 우연히 발생한, 그래서 어쩔 수 없는 날씨를 넘어서서 누군가가 소외된, 다른 말로는 철저히 누군가를 위해, 누군가에 의해 만들어진 '필연적인' 재난이었어.

너는 예리하니까 벌써 눈치챘으려나? 맞아. 내가 바라는 기후정의에서 '기후'는 사실 부정의가 두드러지는 모든 '일상'을 뜻해. 솔직히 말해서 우리가 목격한 죽음들이 단지 폭우 때문에 '새롭게' 만들어진 건 아니잖아. 위험한 노동 현장에 내몰리고, 매일 밤 퇴근길을 두려워하고, '가만히 있으라'는 말과 '참으라'는 말을 주입받고, 용기를 내서 피해를 증언하며 권리를 요구하면 '나중에'라는 말만 돌아오고. 그렇게 세상에서 밀려 나간 존재들은 이전부터 쭉 있어 왔어. 그리고 이런 세상이 아무렇지도 않게 이어지는 나날들이 나에게는 이미 폭우이고 재난이었어.

"그래. 그럼 그 참사를 누가 만들었는데? 우리가 맞서 싸워야 하는 '부정의'가 뭔데?"라며 네가 막 궁금해지기 시작했다면 이 편지가 절반은 성공했다고 봐. 그게 바로 기후 악당이야.

흔히 기후정의와 함께 많이 언급되는 것 중 하나가 바로 '자본주의'야. 혹시 이 말에 거리감을 느끼며 뒷걸음질하고 있다면, 잠깐 멈춰 줘. 자본주의라는 단어 없이도 충분히 설명할 수 있거든.

그냥, '돈'에 환장하는 악당이 있어. 그저 돈만 된다면 너와 나의 몸과 마음을 거리낌 없이 '착취'하고, 그 과정에서 누군가가 죽는 사건들이 벌어져도 "왜 못 피했지?", "왜 더 도움을 요청하지 않았지?" 같은 무책임한 말만 던지고선 외면하지. 혹시 떠오르는 장면들이 있지 않아? 한마디로 자본주의는, 우리의 삶보다 그들의 돈이 더 중요하다고 말하는 세상인 거야.

그리고 너도 알다시피, '현실'에는 위기에 빠진 우리들을 아무런 대가 없이 구해 주고, 이 악당에게 빼앗긴 우리의 정의를 '대신' 찾아 주는 히어로는 없어. 그래서 우리 '스스로' 우리의 정의를 되찾아 와야 하지.

우리의 평범한 내일을 지킨다는 게 참 만만치는 않은 것 같아. 그치? 말하다 보니 나도 머리가 무거워졌어. 그런데 한편으로는, 그래도 어쩔 수 '있'다는 게 다행이라는 생각을 해. 쉽게 절망하기보단 어렵더라도 희망을 붙잡을 수 있는 거잖아. 이렇게 내가 너에게 함께하자고 말을 건넬 수 있는 '우리의 오늘'이 아직 남아 있기도 하고 말이야.

자, 어떤 것 같아? 함께하고 싶은 마음이 조금이라도 생겼어? 사실 나도 너에게 편지를 보내기까지 많이 망설였어. 네가 너의 자리에서 너의 일상을 이어 가기에도 정신없는 하루를 보내고 있다는 사실을 알고 있거든. 하지만 그런 생각을 하니 더욱 너에게 함께하자는 이야기를 하고 싶더라구. 나의 내일은 그저 이어지는 데 의미가 있지 않아. 나는 너와 '함께' 내일을 맞이하고 싶어.

편지는 이쯤에서 마칠게. 이제 친구들이랑 그 기후 악당을 만나러 나가 봐야 하거든. 이렇게나 긴 편지를 끝까지 들어 줘서 정말 고마워. 그리고 언제라도 좋으니, 다음번엔 너의 이야기도 들려 주라.

그럼 답장 기다릴게!

서로의 내일에 함께할 수 있길 바라며, 해미가

진재연 _ 마포공동육아사회적협동조합 참나무어린이집

> "우리 아이들이 살아갈 세상을 위해
> 지금 정의로운 에너지 전환을 위한 싸움을
> 해야 할 때라고 생각합니다."

안녕하세요. 저희는 마포공동육아사회적협동조합 참나무어린이집에서 온 부모들과 아이들입니다. 이 자리에 서게 되어서 큰 영광으로 생각합니다.

저희 어린이집에서는 매달 하나의 주제를 정해 기후위기를 극복하기 위한 행동을 실천합니다. 배달이나 포장 음식을 용기를 챙겨 가서 받아 온다거나, 아이들의 장난감을 플라스틱이 아니라 버려지는 재활용품으로 만들어 보고, 자동차 없이 걸어 다니는 실천을 하기도 합니다. 그리고 우리 아이들은 그 누구보다 기후위기에 대한 걱정을 하고 있습니다. 어른들이 수돗물을 오래 틀어 놓거나 이면지를 쓰지 않으면 '지구가 아프다'고 잔소리를 합니다.

여러 가지 모습으로 일상을 빼앗아 가는 기후위기의 문제가 우리의 문제이고 우리 아이들의 문제라는 것을 알고 있어 작은 실천이라도 하려고 노력하고 있습니다.

하지만 한편으로 고민이 됩니다. 많은 사람들의 일상 실천들이 있지만, 이 사회를 지탱하는 체제와 제도 변화 없이는 이미 진행되고 있는 기후재앙을 막고 우리 아이들이 살아갈 세상을 바꾸지는 못할 것 같습니다. 더 많은 책임을 지고 고민을 해야 할 기업과 정부, 그리고 국회의 모습을 보면 암담하기만 합니다.

한국 전체 온실가스 배출의 10퍼센트를 차지하는 포스코. 온실가스 최다 배출기업인 포스코는 지금도 석탄화력발전소를 건설하고 있습니다. 국제사회는 한국의 석탄발전을 2030년까지 폐쇄할 것을 권고하고 있는데, 정부와 국회는 이미 허가한 사업을 취소할 법적 근거가 없다며 방관하고만 있습니다.

폭우와 태풍 속에서 기후재난이 심각해지고 있지만, 석탄발전소, 핵발전소, 송전탑 설립을 멈추지 않는 것이 지금 한국의 모습이기도 합니다.

재생에너지는 확대되지 않고 그나마도 민간 사업자들에게 맡겨지고 있습니다. 지역 주민들의 삶을 고려하지 않는 풍력, 태양광 시설로 많은 사람들이 힘들어 하고 있습니다.

이 모든 게 이윤을 위한 에너지 체제 때문이라는 것이 분명히 드러나고 있습니다. 끊임없이 이윤을 추구하고 더 많은 소비를 부추기는 자본주의 경제의 고유한 특성에서 비롯된 것입니다.

우리 아이들이 살아갈 세상을 위해 지금 정의로운 에너지 전환을 위한 싸움을 해야 할 때라고 생각합니다. 우리가 하는 일상적인 실천이 지구와 생태계에 도움이 되려면 정의로운 전환을 위한 고민, 기후 불평등을 해소하기 위한 행동이 필요합니다.

지금 이곳에 모인 우리가 대안이라고 생각합니다. 그리고 우리 아이들이 대안입니다. 저희 참나무어린이집도 함께 고민하고 실천하겠습니다.

"바다는 우리만의 것이 아닙니다.
동물과 식물이 살아가고 있는 삶의 터전이죠.
우리가 지구에서 살아가는 것이니
우린 지구를 아끼고 지켜 줘야 합니다."

안녕하세요. 전 강릉시 사천면에 있는 운양초등학교 6학년 강지환입니다.

집이 강릉이다 보니 바닷가로 밤 산책을 많이 갑니다. 바닷가에서 발을 담그며 놀고 있으면 옆에선 괴상한 폭발음과 함께 여러 가지 색깔의 불꽃이 튀어요. 바로 폭죽이에요. 저도 어릴 때부터 한 번쯤은 폭죽놀이를 해 보고 싶었습니다. 폭죽이 예쁘고 멋졌기 때문입니다. 하지만 제가 환경에 관심이 생기고 바닷가 쓰레기를 줍기 시작하면서 그 생각은 뒤바뀌었습니다.

폭죽은 바다에 쏘는 무기처럼 보였습니다. 마치 미사일 같았어요. 담배와 총알을 닮은 폭죽 쓰레기는 담배꽁초보다 훨씬 더 많았습니다. 비닐봉지와 두 손을 꽉 채우는 양이 어마어마했어요.

그 후론 폭죽을 터트리는 사람들에게 "폭죽은 물고기들을 해치고 많은 미세플라스틱을 발생시킵니다. 그리곤 우리에게로 돌아옵니다. 물고기와 우리 모두 생명에 위협을 받습니다"라고 외치고 싶었지만 용기가 안 났습니다. 저한테 뭐라고 하거나 이상하게 볼 것 같았습니다.

이젠 바다에 놀러 가서 폭죽 소리만 들어도 가슴에 구멍이 뚫릴 것 같습니다. 계속 주워도 끝이 없는 탄피를 볼 때마다 화가 납니다. 심지어 바다에서 폭죽을 터트리는 것은 불법입니다. 하지만 강릉시에서도 이런 것을 단속하지 않고 방치하고 있습니다.

이제 더 이상 바다에 총을 쏘지 말아 주세요. 바다는 우리만의 것이 아닙니다. 동물과 식물이 행복하게 살아가고 있는 삶의 터전이죠. 우리가 지구에서 살아가는 것이니 우린 지구를 아끼고 지켜 줘야 합니다.

하지만 대한민국은 2050년까지 탄소를 없애겠다고 했습니다. 지금 당장 해도 부족하지만 제가 성인이 되고 나서야 바꾼다니 너무합니다. 이 작은 나라가 탄소배출이 8위라니 말이 되나요?

제가 40세쯤 됐을 땐 해안 침식으로 많은 사람들이 피해를 볼 것입니다. 또 더 잦은 자연재해가 일어날 것입니다. 너무 무섭습니다. 제가 살아가던 세상이 무너진다니….

전 이 멋지고 예쁜 지구를 후세대에게 보여 주고 싶습니다. 감사합니다.

임미화 _ 가덕도신공항반대행동

> "우리는 더 이상의 공항은 필요하지 않다고
> 외쳐 주세요. 자본과 국가의 거짓말, 기만에
> 더 이상 속지 않겠다고 외쳐 주세요."

안녕하십니까? 부산 시민이자 가덕도신공항반대행동에서
활동하고 있는 보리입니다.

올해 봄, 봄을 시샘하는 꽃샘추위 속에 한반도 생태·평등·평
화를 위한 40일의 순례를 하고 계신 봄바람 길동무들이 가덕
도를 찾아와 주셨습니다. 순례를 시작하는 선언문 한 문장 한
문장이 저는 감동이었는데요, 특히 기후위기, 노동의 위기, 평
화의 위기라고 말할 때, 그 위기는 또한 불평등하며 가장 약한
곳에서부터 무너진다는 말에 진심으로 공감되었습니다. 그 위
기를 외면하지 않고 똑바로 직시할 수 있어야 다른 세상을 꿈
꿀 수 있다는 것도 알았습니다.

오늘도 기후정의행진의 거대한 파도에 감동받으면서 그날

의 느낌과 감동을 덧붙여 가덕도 신공항 이야기를 해 볼까 합니다.

생태계의 보고이자 문화유산인 가덕도에 바다를 메우고 산을 깎아 활주로를 만들어 1급의 생태 가치를 파괴하려 하고 있습니다. 낙동강 하구도, 상괭이도, 수달도 사라집니다. 또 물질적으로 풍요하진 못해도 자신의 땅과 바다가 내어 주는 것들에 감사하며 주인으로 살아왔던 그들의 땅에 공항이 들어서려 합니다. 이곳을 터전 삼아 살아온 수많은 주민들의 삶을 뿌리 뽑고, 오랜 지역 공동체는 산산이 흩어지고 파괴될 것입니다.

개발 광풍은 여기서 끝나지 않습니다. 낙동강 하구를 파괴하고 눌차도에 낙동강 부울경 메가시티를 건설하려 하면서 마치 신공항 건설이 부산 발전, 동남권 발전의 유일한 대안인 것처럼 떠듭니다. 다양한 부산 발전의 내용을 고민하지 않고 국책사업이란 이유로 무조건 하면 된다는 식으로 밀어붙이고 있습니다. 선거용 정책으로 날조, 가덕도 특별법을 만들어 예비타당성조사도, 환경영향평가도, 주민들의 의견도 무시한 부정의의 극치를 보여 주고 있습니다.

이제는 2030 부산엑스포 전에 건설하고 개항까지 하겠다고 합니다. 2030년이면 겨우 7년 남았는데 신공항이 단순히 건물 한 채 짓는 일입니까? 세계 곳곳의 사람이 오고 가는 곳에 안정성이 담보되지 않는 날림 공사를 하겠다는 겁니다. 그것은 생명을 볼모로 자칫 대형 사고로 이어질 것이 분명한 일입니다.

가덕도는 또 신석기시대부터 일제시대까지 문화유산의 보고입니다. 신석기 조개무덤과 고인돌, 일본 포진지와 관측소였던 인공 동굴. 한반도 수탈의 흔적이 지워진다면 우리는 미래 세대에게 뭐라고 말할까요?

기후위기와 부정의의 시대, 공항은 기후 학살이자 생태 학살입니다. 비행기는 중요한 교통수단이지만 너무나 많은 탄소를 배출하고 에너지를 많이 쓰는 온실가스의 주범이자 기후위기 악당입니다. 또 공항 건설은 너무나 많은 생태계를 파괴합니다. 당장의 이익을 얻기 위해, 선거용 정책으로, 수많은 지역의 공항들이 야만적이고 폭력적으로 지어지고 천문학적인 적자에 허덕이고 있습니다.

이미 열 개의 적자 공항이 있습니다. 하나를 더 보탤 이유도 명분도 없습니다. 결국 토건 자본을 배불리고 저들의 돈 잔치일 뿐입니다.

우리는 정부와 자본에 요구합니다. 모든 적자 공항 정리하고 가덕도 신공항 건설 계획 지금 당장 백지화하십시오. 그로 인해 파괴된 생태계와 공동체를 복원하십시오.

공항 건설과 운영으로 벌어들이는 돈으로 감히 자연을 살 수 없습니다. 무자비한 자본과 국가 폭력으로 훼손당한 생태계와 공동체를 복원할 수도 없습니다. 기후위기를 가속화하는 가덕도 신공항 건설로 인해 고통받는 가덕도 생명에게 사죄하십시오.

또 우리는 스스로에게 되물어야 합니다. 무엇이 중요한 가치인지, 더 이상의 공항이 없어도 불편하지 않는 삶이란 어떤 것인지, 나의 편리함과 욕구를 채우기 위해 누군가들의 희생을 외면하거나 당연시하고 있지는 않은지.

우리는 더 이상의 공항은 필요하지 않다고 외쳐 주세요. 자본과 국가의 거짓말, 기만에 더 이상 속지 않겠다고 외쳐 주세요. 이제 기후재난은 누구에게나 똑같은 모습으로 오지 않습니다. 누구는 살고 누구는 그냥 죽을 수밖에 없는 이 기후 불평등과 부정의의 시대를 오늘도 온몸으로 살아 내고 있는 가덕도를 기억해 주세요. 그 모든 것을 잊지 않고 끝까지 건설 반대와 백지화를 위해 함께해 주세요.

고맙습니다.

정성조 _ 환경과생명을지키는전국교사모임

> "2022 개정교육과정 총론에
> '생태전환교육'은 반드시 반영되어야 합니다."

안녕하십니까? 그리고 반갑습니다. 기후위기 시대, 이대로 살 수 없습니다. 아이들의 미래가 암울하기에 저희들은 이 자리에 섰습니다. 저희들은 환경과생명을지키는전국교사모임입니다. 그리고 전교조 기후위기특별위원회도 함께하고 있습니다.

"기후위기 시대에 이대로 살 수 없다"는 것은 희망이 없다는 것입니다. 교육과 우리 아이들에게는 희망이 생명이자 힘입니다. 그런데 더욱 안타까운 것은 2022년 개정교육과정 총론에 '생태전환교육'이 빠졌다는 것입니다.

교육과정 총론은 초·중·고등학교에서 학생들을 교육하는 기본 방향입니다. 기후위기 시대, 미래 교육을 위해 '국민과 함께하는 2022 개정교육과정'을 표방하면서 10만 명이 넘는 국민참여단과 교사 2천 명이 참여하였습니다. 국민과 교사의 의견을 모아 교육부는 2021년 11월 교육과정 주요 사항에서 '생태전환교육'을 반영하기로 천명하였습니다. 우리가 분노하는 것은 일 년이 채 되지도 않은 이번 8월 개정교육과정 총론에 '생태전환교육'이 빠졌기 때문입니다.

어떻게 된 것일까요? 그 사이에 무슨 일이 일어난 것일까요? 정부가 바뀌었다는 것입니다. 정부가 바뀌었다고 국민이 바뀔 수 있습니까? 100년을 설계하는 교육이 정부가 바뀌었다고 6개월 만에 바뀔 수 있습니까? 이래서는 교육이 바르게 설 수 없습니다. 국민에게 약속한 것은 반드시 지켜져야 합니다.

유네스코 교육 2050 보고서, OECD 교육 2030, IPCC 6차 보고서는 기후위기 시대, 지속불가능성을 막기 위해 교육 변화를 요구하고 있습니다. 교육기본법 22조 2항, 환경교육법 4조와 10조에 '기후변화 환경교육'을 실시할 것을 강제하고 있습니다. 이번 2022 개정교육과정 총론은 세계적인 시대 요구에 눈을 감는 것이고, 법 조항을 지키지 못한 것입니다.

2022 개정교육과정 총론에 '생태전환교육'은 반드시 반영되어야 합니다. 미래가 없는 아이들이 미래를 다시 꿈꿀 수 있는 유일한 희망입니다. 우리 환경과 생명을 지키는 전국교사모임과 전교조 기후위기특별위원회는 개정교육과정에 '생태전환

교육'이 반영될 수 있도록 끝까지 노력할 것입니다. 많은 응원과 지지 부탁드립니다. 감사합니다.

생태전환교육 빠진 2022 개정교육과정 개악 저지하자!
아이들이 희망이다. 생태전환교육 반영하라!
기후정의 시대의 요구다. 생태전환교육 반영하라!

길핀풀 _ 대안학교 청소년 기후정의연대 99도

> *"기후위기 시대를 살아가야 할 청소년들이*
> *주체적으로 목소리를 내고 정치적 힘을 조직하여,*
> *기후위기를 해결하고 평등한 세상을 만드는 데에*
> *앞장서려 한다."*

대안학교 청소년 기후정의연대 선언문

우리 '대안학교 청소년 기후정의연대'는, 대안학교 학생들이 기후위기의 심각성을 깨닫고 행동하기 위해 모인 연대체다. 기후위기 시대를 살아가야 할 청소년들이 주체적으로 목소리를 내고 정치적 힘을 조직하여, 기후위기를 해결하고 평등한 세상을 만드는 데에 앞장서려 한다.

우리는 지구에 사는 모든 생명은 하나의 공동체임을 인식하여, 더 나은 사회를 만들기 위해 대안을 제시한다. 그렇기에, 다른 세상이 가능하고 가능해야만 한다고 말한다. 우리 대안학교 청소년 기후정의연대는 지금의 체제에 굴복하지 않는 연대체가 되겠다고 선언한다.

1.

기후위기는 이윤만을 추구하는 자본주의 경제 시스템에서 만들어진 사회구조적인 문제이다. 산업화 이후 이뤄진 폭발적인 경제성장은 대량생산과 대량소비 체제를 만들어 냈고, 그 동력으로 화석연료가 사용되었다. 이윤을 모든 것의 앞에 둔 결과, 외부에 미치는 환경적 영향과 안전하지 못한 노동환경, 불평등과 빈곤 문제는 부차적인 것이 되었다. 이러한 자본주의는 그 본질상 무한히 팽창하려고 하지만, 지구는 유한하다. 이 시스템은 끊임없이 채굴하고, 생산하고, 소비하고, 폐기하기를 반복한다. 그리고 그 과정에서의 선택권은 소수의 기업과, 자본을 소유한 자들에게 있다. 기후위기는 이러한 비민주적인 자본주의 경제 시스템에 의해서 발생한 문제이다.

2.

기후위기 문제가 계속해서 악화되는 것은 비민주적인 정치제도에서 비롯된다. 우리는 민주주의 사회를 살아간다고 하지만, 실질적으로 다수에 해당하는 빈곤하고 권력이 없는 존재들은 정치적인 의사 결정 과정에서 배제되어 있다. 지금의 정치는 소수의 부와 권력을 가진 자들만을 대변한다. 소수의 이익을 옹호하기 위해서, 다수의 삶과 지구 환경을 희생시킨다. 우리는 이러한 비민주적인 정치에 대해서 반대하며, 이 사회의 진정한 주인으로서 정치적으로 행동할 것이다.

3.

지금 우리가 살아가는 사회는 정의롭지 못하다. 기후위기는 세계 부유층들의 삶을 위한 온실가스 배출에 의해서 만들어졌으나, 그 피해는 기후위기에 책임이 없는 세계 빈곤층들의 삶부터 파괴시킨다. 우리는 재난 책임자와 피해자가 다른 상황을 부정의하다고 바라본다. 모두가 자신의 필요를 충족할 수 있는 생산력을 가지고 있음에도, 다수의 인간들을 빈곤과 힘겨운 삶에 시달리게 하고 있다. 반면 소수에 해당하는 부유층 인간들은 자신이 평생 쓰고도 남을 부를 축적하고 있다. 자본주의는 불평등을 끊임없이 양산해 내고, 정의롭지 못한 상황을 해결하지 않으며, 부정의 그 자체이다. 우리는 자본주의 사회에 맞서서 정의로운 사회로 나아갈 것이다.

4.

지금의 사회 속에서 청소년들의 삶은 지옥 그 자체이다. 성공이라는 이름 앞에 계속해서 경쟁을 부추기는 경쟁 사회는 자라나는 청소년들의 교육 현장까지도 침투해 있다. 자본주의 속에서 인간은 자신이 가진 스펙과 사회적 지위, 부에 의해서 평가되며, 청소년들은 시험 성적표로 평가되는 상품의 일종이 된다. 우리는 한 사람을 그 사람 자체로 바라보는 사회를 원하며 교육 현장을 비롯한 우리 사회 전반에 걸쳐 있는 비인간적이고 과도한 경쟁에 반대한다.

5.

주류 공교육의 입시 위주의 경쟁 교육은 인간을 획일적으로 길러 내며, 주체적인 삶이 아닌 사회 평준화된 삶을 살아가게 한다. 현재 가속화되는 탈정치화 사회 현상은, 인간이 자신과 자신이 속한 사회에 대해서 사유하고 스스로 결정하는 능력의 상실로부터 온다. 사회의 가장 기초가 되어야 할 교육이 그 상실을 불러온다. 우리는 청소년들과 우리 사회의 전반적인 탈정치화 현상을 비판하며, 인간의 가장 근본적인 행위인 자신과 사회를 스스로 결정하는 능력을 길러 내는 교육을 원한다.

6.

우리는 기후위기와 불평등을 만들어 내고 유지시키는 자본주의 시스템에 반대하며, 평등하고 정의로운 대안 사회를 원한다. 우리가 원하는 세상은 생태적 한계 속에서 돌아가며, 모두에게 사회적 기초가 보장되는 사회이다. 유한한 지구에서 이윤을 위해 무한히 팽창하는 사회가 아닌, 모두의 존엄한 삶의 필요에 따라서 돌아가는 사회이다. 그런 세상은 자신과 사회의 결정에 직접 참여하고, 스스로 정치적 의사 결정에 의해서 만들어 갈 수 있는 사회이다. 우리는 지배와 경쟁이 아닌, 공존과 협력으로 돌아가는 사회를 원한다. 우리는 더 나은 세상을 원하며, 그것은 가능해야 하고, 가능해야만 한다.

7.

우리는 지금의 문제를 개인의 것으로 축소시키는 탈정치화된 해결 방법에 대해서 동의하지 않으며 국가와 기업의 거짓 선동에 속지 않는다. 개인의 작은 실천은 기본적인 것이기는 하지만, 위기의 시대에 필요한 것은 국가를 움직이고 기업을 규제하는 것이며, 그러기 위해선 정치적으로 행동하는 것이다. 우리는 각자의 위치에서 최선을 다해서 행동하며, 힘없고 배제된 자들의 연대를 이뤄 내고, 기존의 질서에 반대하여 새로운 질서를 만들어 내기 위해 가장 급진적인 방식으로 행동해 나갈 것이다. 지금 여기에서 오늘 밤이 가기 전에 아래로부터의 혁명을 시작하자.

2022년 8월 28일
대안학교 청소년 기후정의연대 일동

김찬휘 _ 녹색당

"성장을 향한 무한 질주,
자본의 이윤을 극대화하려는 끊임 없는 욕망이
지구라는 타이타닉호를 침몰시키고 있습니다."

안녕하세요. 녹색당 공동대표 김찬휘라고 합니다.

제가 오늘 여러분에게 말씀드릴 얘기는 '타이타닉호에서 얻을 세 가지 교훈'입니다. 타이타닉 아시죠? 〈아바타〉를 만든 제임스 카메론 감독이 1912년의 실제 사건을 바탕으로 1997년에 영화화했습니다. 빙산에 충돌해서 침몰하고 있는 타이타닉호의 모습은 지금의 지구를 상징하는 것처럼 느껴집니다.

타이타닉호에서 얻을 첫 번째 교훈은 타이타닉호가 처음 빙산에 충돌했을 때 사람들이 보인 반응과 관련됩니다. 일순간 흔들림을 느꼈지만 이내 대부분의 사람들이 별일 아니라는 듯 파티를 즐기고 대화를 계속하면서 일상을 이어 갑니다. 물이 자기 앞에 차오르기 전에는 배의 상태에 대해 느끼지 못합니다. 기후재난이 코앞에 닥쳤는데 별생각 없이 세상을 살아가고 있는 많은 사람들의 모습과 닮았습니다.

이때 영화에서 한 선원이 등장합니다. 방을 뛰어다니면서 "배가 가라앉는다", "빨리 대피하라"고 외칩니다. 물이 모두에게 차오르기 전에 "물이 차오르고 있다", "물에 곧 잠길 것이다"라고 말하며 사람들을 일깨우는 역할 말입니다. 여기 계신 모든 분들이 이 선원의 역할을 하셔야 합니다. 기후위기는 이미 시작되었다는 것을 널리 알리고 다녀야 합니다.

다음 두 번째 교훈입니다. 타이타닉호가 빙산에 충돌했을 때 그 배에 타고 있는 모든 사람이 한꺼번에 죽음을 맞이한 것이 아닙니다. 배 가장 밑바닥의 기관실에서 일하던, 배의 엔진에 석탄을 끊임없이 공급하던 노동자들은 충돌 직후 바로 익사합니다. 그리고 3등석의 사람들은 구명정을 타기 위해 올라가지만, 통로가 자물쇠로 잠겨서 못 올라옵니다. 구명정이 모자라니 3등석 사람들은 죽으라는 얘기죠. 1등석 사람들만이 갑판 위에 올라와서 몇 개 되지 않는 구명정을 타려고 아귀다툼을 벌입니다.

이 불평등한 구조는 지금의 기후불평등의 모습과 똑같습니다. 파키스탄의 사람들에게, 반지하의 사람들에게 기후재난이 먼저 닥칩니다. 1등석의 사람들은 "퇴근하다 보니, 아래쪽 아파트는 물이 차오르고 있더라고요."라고 천연덕스럽게 말하면서 집으로 퇴근합니다. 따라서 기후위기와 싸우려면 이 1등석 사람들의 시각으로 보면 안 됩니다. 기후위기의 최전선에 있는 당사자들, 기관실과 3등석에 있는 사람들의 관점으로 싸워야만 이 위기를 직시하고 지금 당장 싸울 수 있습니다. 또한 얘기해야 합니다. 1등석 사람들에게는 조금 늦게 재난이 닥칠지 모르지만, 아무 일도 하지 않는다면 결국 모두에게 예외 없이 이 재난이 닥쳐온다는 것을 말이죠. 타이타닉호는 결국 잠길 수밖에 없는 것입니다.

타이타닉호에서 얻을 마지막 교훈은 왜 빙산에 충돌했는가입니다. 대서양 횡단 신기록을 세우기 위한 탐욕, 타이타닉호의 상품성을 높이려는 자본의 욕망에서 사고는 비롯된 것입니다. 기후위기도 똑같습니다. 성장을 향한 무한 질주, 자본의 이윤을 극대화하려는 끊임 없는 욕망이 결국 지구라는 타이타닉호를 침몰시키고 있는 것입니다. 지구의 침몰을 막으려면 이 고속 질주를 멈추어야 합니다.

여러분, 이 세 가지 교훈을 생각하면서 함께 싸워 나갑시다. 감사합니다.

민선 _ 청년기후긴급행동

> *"우리는 더 크고 근본적인 전환을*
> *상상하고 만들어 나가려 합니다.*
> *기후 악당 기업에 개별적으로 대항하는 것을 넘어,*
> *기업의 착취를 막아 낼 법과 제도를 요구합니다."*

안녕하세요. 저는 청년기후긴급행동 활동가 민선입니다. 발언에 앞서 기후·생태위기에 휩쓸려 세상을 떠난 수많은 이들을 애도합니다. 기후재난이 일상이 되어 버린 이 시대에 제 앞에 계신 모든 분들의 안위를 간절히 기원하겠습니다. 저는 약한 자부터 쓸려 가는 기후·생태위기에 대한 슬픔과 분노를 넘어 우리가 함께 정의를 그릴 수 있길 바라는 마음으로 오늘 이 자리에 섰습니다.

저는 3년 전, 공장식 축산업의 현실을 목도하고 생태 학살의 거대한 폭력과 착취를 처음 자각하게 되었습니다. 전염병에 걸려 돈이 될 수 없다는 이유로 생매장되었던 수천만 명命의 소,

돼지, 닭 들. 그리고 그들의 죽음으로 새빨갛게 물든 임진강을 기억하시나요? 정의를 짓밟고 생명을 이익, 자본, 성장으로 맞바꾸었던 권력의 잔인함을 잊을 수 없습니다. 석탄발전소, 가뭄과 산불, 전쟁 등 끊이지 않는 위기 앞에 제 자신은 작게만 느껴지고, 이 모든 생태 학살을 자행해 온 무책임한 정치권력과 기만적인 기업, 그리고 이들의 권력과 자본을 지탱하는 법 체계는 점점 더 선명해집니다. 하지만 우리 하나하나의 존재는 작더라도, 우리의 저항 행동을 공글려 더 큰 움직임을 만들어 볼 수 있지 않을까요? 저는 그런 희망을 가지고 청년기후긴급행동과 함께 활동하고 있습니다.

청년기후긴급행동은 2021년 두산중공업, 현 두산에너빌리티의 그린워싱을 비판하며 직접행동을 벌였고, 이는 베트남에 석탄발전소를 짓는 사업을 저지하기 위해서였습니다. 기업과 정부를 향해 탄소배출과 생태 학살의 책임을 물었던 우리에게 돌아온 것은 민형사 소송과 벌금이었습니다. 세계 곳곳에서 기후소송이 들불처럼 일어나고 시민들의 기후행동에 대한 정당성이 인정되는 이때에도, 대한민국 재판부는 이렇게 말하고 있습니다. "공익에 헌신한다고는 하지만 어디까지나 그 활동은 법질서 테두리 내에서 이루어져야 할 것"이라고요. 그들이 말하는 법질서는 누구에 의한, 누구를 위한 것입니까? 기업의 재산을 보호하기 위해 환경 범죄를 묵인하는 기만적인 법일 뿐, 이 지구와 생명들을 보호하는 생태법은 부재합니다.

그렇기에 우리는 더 크고 근본적인 전환을 상상하고 만들어 나가려 합니다. 청년기후긴급행동은 기후 악당 기업에 개별적으로 대항하는 것을 넘어서, 기업의 착취를 막아 낼 수 있는 법과 제도를 요구하고 있습니다. 인간뿐만 아니라 비인간 생명들, 그리고 이 모든 생태 그물망을 파괴하는 행위를 엄중하게 처벌하는 형법으로 두산에너빌리티를 비롯한 기후 악당 기업들을 기후 파괴와 생태 학살의 피고로 법정에 세웁시다. 생태적 전환을 요구하는 우리의 목소리를 정치적으로 응집하여 녹색성장 따위의 헛된 말을 몰아내고, 진정 생명과 공존을 위한 기후정의 로드맵을 그려 냅시다.

거대한 권력 앞에서 약한 존재들이 서로가 서로를 지탱하며 울부짖던 시간들이 떠오릅니다. 어떤 때에는 여성의 안전을, 어떤 때에는 장애인의 이동권을, 어떤 때에는 모든 동물의 해방을 외쳤습니다. 누군가의 고통과 죽음을 마주하는 매 순간, 살아남은 저의 존재가 무겁게 느껴집니다. 우리가 다른 이의 아픔을 무겁게 감내하며 우리 모두의 아픔으로 끌어안는 것이야말로 우리의 연대를 와해시키려는 폭력에 대항할 수 있는 길이라는 생각이 듭니다.

이렇게 항상 기후정의를 애타게 바라면서도 기후정의라는 단어가 뜬구름처럼 느껴질 때가 있습니다. 그러나 오늘 저는 다시금 깨닫게 되었습니다. 단지 서로의 안위와 평온을 기원하는 우리가 바로 기후정의의 증거라고. 우리 연약하지만 깨어지지 않도록 단단하게 모이고 용감하게 사랑하며 나아갑시다.

장희지 _ 동물해방물결

*"진정한 기후정의 실현을 위해서는
비인간 존재의 안위를 배제하는
종차별주의에 대한 진지한 고찰이
동반되어야만 합니다."*

안녕하세요. 동물해방물결에서 활동하는 장희지입니다.

우리는 오늘 기후위기 최일선 당사자로서 우리의 평등하고 존엄한 삶을 위해, 기후정의 실현을 요구하기 위해 이 자리에 모였습니다. 이렇게 모인 많은 분들을 보니 가슴이 벅차오르면서도 한편으론 마음이 굉장히 무겁습니다. 그 이유는 기후위기의 가장 취약 계층이자 가장 쉽게 배제당하고 가장 많이 죽임당하는 비인간 동물이 지금 이 순간에도, 도처에서 고통받고 있기 때문인데요. 점점 빈번해지는 기후재난 속 모두가 그 어느 때보다 위태롭고, 전례 없는 위기를 살아가고 있다고 이야기합니다. 그럼에도 여전히 팽배한 인간중심주의는 고통받는 비인간 동물의 안위를 전혀 고려하지 않고 있습니다.

기후위기를 촉발시킨 가장 근본적이고 본질적인 원인이 무엇이라고 생각하시나요? 저는 동물과 자연을 수단으로 여기며 끊임없이 확장해 온 자본주의 성장 체제, 즉 인간 중심의 '죽임' 문명 때문이라고 생각합니다.

오로지 국내에서만 해마다 약 11억 명命의 축산 피해 동물이 인간에게 먹히기 위해 자유를 박탈당한 채 살해됩니다. 상업 어업의 어류 동물은 개별적인 존재가 아닌 무게로만 존재하며 무분별하게 죽임당하고 있습니다. 또한 인구보다도 더 많은 수의 동물을 기르며 그들에게 먹일 사료를 생산하기 위해 아마존 산림의 90퍼센트를 불태우고, 동물의 서식지는 무자비하게 파괴되고 있습니다.

축산업의 전 과정은 엄청난 화석연료 사용과 더불어 막대한 온실가스를 배출하고, 물 부족, 식량위기, 동식물 멸종, 생물 다양성 붕괴 등을 촉발합니다. 현재의 대규모 축산업, 낙농업, 상업 어업의 지속은 기후정의를 원하는 우리의 미래와 결코 양립할 수 없습니다.

인간의 생존만을 이야기하는 기후위기 대응은 결국 지금보다 더욱 큰 기후재난을 불러일으킬 것입니다. 지구의 생태계는 점점 절멸의 길로 빠지게 될 것입니다. 진정한 기후정의 실현을 위해서는 비인간 존재의 안위를 배제하는 종차별주의에 대한 진지한 고찰이 동반되어야만 합니다.

인간과 비인간 존재의 잘못된 관계를 즉시 바로잡는 길, 이들을 향한 폭력과 살상을 멈추고 '죽임' 문명에 대항하는 힘을 확장하는 길로 우리는 나아가야 합니다. 모든 동물이 평등한 세상을 위한 우리들의 확실한 행동이 기후정의를 앞당길 수 있습니다.

마지막으로, 지금 이 자리를 빌려 기후정의를 위해 같은 마음으로 거리에 나와 주신 모든 분들께 비인간 존재들과 적극적으로 연대해 주시기를 간절히 호소드립니다. 감사합니다.

오동재 _ 기후솔루션

> *"시민들이 얻어 낸 '탄소중립'이라는 깃발을*
> *이제는 기업들이 화석연료 사업을 연장하기 위해*
> *활용하고 있습니다. 어떻게 이런 것들을*
> *정의롭다 할 수 있겠습니까?"*

안녕하세요? 기후솔루션 오동재입니다.

다들 여름은 잘 보내셨나요? 이제 어찌 보면 잘 보냈냐는 질문 대신, 잘 생존하셨냐는 질문이 더 맞는 질문이 아닐까 생각이 들 정도로 기후위기를 체감할 수 있었던 여름이었습니다. 우리나라뿐만 아니라 전 세계를 덮친 태풍과 폭염이 지나고 가을이 오고 기후정의행진의 시간이 왔습니다.

오늘 전 기후 대응에 있어 다뤄질 수밖에 없는 화석연료 사업 투자에 대한 말씀을 드리고 싶습니다. 지난해 한국 공적금융의 석탄발전 투자가 동료 시민, 그리고 시민사회단체의 노력으로 마침내 끝이 났습니다. 그때까지만 하더라도 석탄 금융은 마침내 끝났으니, 기후위기 문제의 해결도 거의 다 온 것 같다는 생각을 했었는데요, 슬프게도 그렇지 않았습니다.

지난해 석탄을 제외한 석유·가스와 같은 화석연료에 투자된 공적금융을 살펴보니 지난 10년간 141조 원의 자금이 투입이 된 것을 확인했습니다. 석탄의 13배에 달하는 자금이 석유·가스에 투입되고 있었던 것이죠. 그런 상황에서 우리 공적금융은 지난해에 그린워싱 논란에 휩싸인 호주의 가스전 사업에 8천억 원에 달하는 자금 지원을 결정했습니다. 'CO$_2$ free-LNG'라는 이름을 달고 나온 사업에 공적금융은 투자를 결정했습니다. 이 사업이 추진됐을 때 약 1,350만 톤에 달하는 온실가스가 배출될 것이라는 걸 알면서도 말입니다. 1,350만 톤은 지금도 논란에 휩싸인 삼척석탄화력발전소의 온실가스 배출량을 상회합니다.

오늘 우리가 모인 '기후정의'의 관점에서 얘기를 하고 싶습니다. 3년 전 모였던 시민들은 '기후변화 대응을 위한 탄소중립 선언'을 요구했고, 이를 이뤄 냈습니다. 수많은 시민과 단체들이 제도권에 탄소중립 목표를 관철시키기 위해 무수한 노력을 했습니다. 그렇게 얻어 냈던 '탄소중립'이라는 깃발을 이제는 기업들이 오늘의 기후변화를 야기해 온 화석연료 사업을 연장하기 위해 활용하고 있습니다. 어떻게 이런 것들을 정의롭다

할 수 있겠습니까?

이번 주 호주에서 전향적인 판결이 있었습니다. 바로사 가스전 사업의 인근 원주민들이 사업의 시추 인허가를 내준 규제기관을 대상으로 낸 소송에서 법원이 원주민의 손을 들어 준 것입니다. 판결에 따라 시추를 시작한 사업자들은 자리를 비우고 다시 인허가를 받아야 합니다. 이제 사업은 원점에서 다시 검토가 되어야 할 것입니다.

그간 바로사 가스전 사업에 대해 문제를 제기해 왔던 시민들, 그리고 시민사회 단체들이 있습니다. 그리고 이제 새로운 국면에 접어든 상황에서 바로사 가스전 사업은 많은 시민들의 도움이 필요합니다. 힘을 모아 주실 것을 부탁드리며 이만 말을 줄이도록 하겠습니다. 감사합니다.

문형욱 _ 기후위기 기독인 연대

"하나님은
저 높은 곳에 앉아 있는 결정권자들이 아니라
낮은 곳에서 기후정의를 위해 싸우는
우리들과 함께하신다고 생각합니다."

안녕하세요. 저는 '기후위기 기독인 연대' 문형욱 활동가입니다.

기독교는 자본주의와 성장주의, 개발과 생태 학살에 아주 중요한 역할을 했습니다. 주요 탄소배출 국가인 북반구, 유럽과 미국의 종교로서 개발과 생태 학살의 근거가 되는 이야기를 제공했기 때문입니다.

"생육하고 번성하여 땅에 충만하여라. 땅을 정복하여라."(창세기 1:28) 수많은 기독교 국가들은 이 문장을 가지고 생태계를 황폐화시키고 비인간 존재들과 인간을 착취했습니다. 이 자리에서 기독교의 만행에 대해 사과드립니다.

기독교는 성서를 왜곡하고 자신들의 이익을 위해 이용했습니다. 성서가 말하는 고아와 과부를 돌보고 이웃을 사랑하라는 명령을 버리고, 이웃을 착취하고 이웃의 것을 빼앗는 악행을 저질렀습니다. 인간 양심의 가장 선한 것을 보여야 하는 기독인들이 가장 추악한 모습으로 모든 이웃, 동물과 식물과 사람을 착취했습니다. 예수께서는 이런 종교인들의 모습을 보시고 "이 독사의 자식들아"라고 욕설에 가까운 비판을 하셨습니다.

반면 성서에는 이런 명령이 있습니다. 땅을 7년마다 쉬게 하고 7년이 일곱 번 지난 후 50년째 되는 해에는 모든 땅을 똑같이 나누는 제도입니다. 이 제도는 50년 동안 땅을 잃고 가난해져도 50년 후에는 돌려받을 수 있어 가난이 대물림되지 않으며, 잃어버린 것도 많이 번 것도 50년에 한 번씩 처음으로 되돌리고, 새롭게 시작한다는 것입니다.

농경시대의 땅은 경제력을 나타냅니다. 그것은 재산을 재분배하는 것이라고 볼 수 있습니다. 이것을 현재 전 세계에 적용한다면 남반구를 착취해 온 북반구는 남반구에게 천문학적인 액수를 지급해야 하며, 생태 학살·기후 악당 기업은 그동안 모은 재산을 나누고 처음부터 다시 동일한 선상에서 시작해야 합니다.

기독교는 기본적으로 고아와 과부 같은, 사회에서 가장 약한 자를 돕는 종교입니다. 또한 사랑과 정의가 중심을 이루고 있습니다. 하나님은 저 높은 곳에 앉아 있는 결정권자들이 아니라 낮은 곳에서 기후정의를 위해 싸우는 여러분들과 함께한다고 생각합니다.

여러분, 성서에 나오는 아주 오래된 비유이지요.

어둠은 빛을 이길 수 없습니다.

어둠은 빛을 이길 수 없습니다.

어둠은 빛을 이길 수 없습니다.

여러분, 우리가 계란으로 바위를 치는 것처럼 느껴지고 기후위기는 막을 수 없는 것이라고 무력감에 싸여 계신 분들도 많을 것 같습니다. 하지만 우리는 기억해야 합니다. 어둠은 빛을 이길 수 없습니다. 결정권자들이 지금은 위선적으로 시민을 기만하고 자기 마음대로 하더라도 우리가 포기하지 말고 함께 이 싸움을 해 나가 주시길 바랍니다. 우리의 옆에 있는 분들의 얼굴을 보며 혼자가 아니라는 마음을 오늘 잘 담아 가셨으면 좋겠습니다. 감사합니다.

신현정 _ 청년녹색당

> "제주의 지하수 사용량 10순위권 안에는
> 골프장과 리조트, 호텔이 줄을 서 있습니다.
> 제주의 기후 악당은
> 대기업이 잠식한 관광산업입니다."

안녕하세요. 청년녹색당 공동운영위원장 신현정입니다.

저는 저 멀리 제주도에 살고 있습니다. 여러분들도 제가 사는 이곳에 와 보셨을지 모르겠습니다. 얼마 전에 제가 읽은 한 메시지의 내용을 나누고 싶어서 오늘 이 자리에 왔습니다.

"저는 활동가도 아니고 그냥 가장 힘없고 작은 마을에서 생존의 위협에 맞닿아 있는 주민의 한 사람입니다. 하수처리장 증설에 또 증설… 냄새나는 곳에서 두통을 호소하는데도 그냥 그런가 보다 하고 아침부터 저녁까지 밭일을 해야 하고 어떤 물이 나오는지 모르는 물밭에서도 물을 먹으며 물질을 하고 있습니다. 그냥 그게 당연한 삶인지를 알고 그렇게 살아가고 있습니다. 그런데 그들의 고통은 당연한 일이 아니거든요. 저희에겐 힘이 없어요. 아무도 고개 돌려 물어 오지 않네요. 우리는 언제까지 이 권력 앞에서 힘없이 주저앉아야만 할까요?"

제주도 월정리에 사는 주민 분이 보내신 메시지입니다. 혹시 월정리에 와 보셨나요? 정말 맑고 푸른 바다로 유명한 곳입니다. 그런데 어떤 물인지도 모르는 물에서 해녀들이 물질을 한다니, 냄새 때문에 두통이라니 이게 무슨 일일까요?

인구 70만이 사는 도시에 매년 1,500만 명 관광객이 들어옵니다. 시간당 탄소배출량이 가장 많은 이동수단인 비행기를 타고 와서, 렌트카를 타고 제주 전역을 하루 종일 돌아다닙니다. 사람이 들어오니 당연히 세수도 하고 설거지도 하고 화장실도 갑니다. 제주의 하수처리장 여덟 곳이 있는데요, 이 하수 처리 용량이 이미 95퍼센트에 달해서, 2만 톤 정도의 하수만 생겨도 바다로 그냥 하수를 방류해 버릴 수밖에 없습니다. 비가 많이 오기만 해도 제주 바다로 화장실에서 내린 물, 설거지한 물, 온갖 하수가 그대로 쏟아지고 있습니다. 그럼 하수를 줄일 방법을 모색해야 하는데, 그게 아니라 대책 없이 하수처리장을 증설할 계획만 세우고 있습니다.

여러분들, 제주도 관광 오셔서 동네 다방 가시나요? 스타벅스 가서 한라봉 블렌디드 드시는 분들도 많을 겁니다. 예전에는 관광 오셔서 기념품점 가서 지역 특산물을 구매하셨다면 2022년에는 제3세계 공장에서 만든 공산품을 파는 기념품점에 가시게 될 겁니다. 동네 슈퍼가 아니라 대기업 편의점 가서 간식거리 사시지 않나요? 제주의 관광산업 구조를 대기업이 잠식한 지 오래입니다. 제주에서 가장 에너지를 많이 쓰는 건물, 공공기관도 병원도 아니고 롯데에서 운영하는 드림타워이고, 람정에서 운영하는 제주신화월드입니다. 이 두 관광사업장이 가장 에너지를 많이 씁니다. 지하수 사용량 10순위권 안에는 골프장과 리조트, 호텔이 줄을 서 있습니다. 제주의 기후 악당은 대기업이 잠식한 관광산업입니다.

다시 처음에 읽어 드린 편지로 돌아오겠습니다. 하수처리장 증설 계획이 있는 월정리, 어떤 물을 마시고 있는지도 모르면서 그 바다에서 해녀들이 물질하면서 생계를 이어 가야 하는 것이 지금 관광의 섬 제주의 현실입니다. 그런데 지금의 1,500만 관광객도 버티지 못하는데 4천만 관광객을 유치하겠다며 국토부는 제주 제2공항 건설을 강행하려 합니다.

저는 10년 후, 20년 후에 후회하고 싶지 않아서 기후 운동을 하고 있습니다. 어디서 나오는지도 모르는 물을 마시면서, 똥물로 가득한 바다를 지나면서 그때 그 하수처리장 증설 어떻게든 막았어야 했는데, 그때 그 공항 건설 어떻게든 막았어야 했는데 하면서 후회하고 싶지 않아서 별것 아닌 마음이라도 보태고 있습니다.

오늘 이 자리에 계신 여러분들도 언젠가 제주를 찾으신다면 제가 오늘 했던 이야기를 꼭 기억해 주시길 부탁드리겠습니다. 아무도 고개 돌려 물어 오지 않는다는 이 작은 섬의 마을 이야기를 물어 주시길 부탁드립니다. 함께 이 거대한 기후 악당에, 부정의에 저항합시다.

이신지 _ 푸른꿈고등학교

> "대한민국의 환경 교육은 매우 불평등합니다.
> 환경에 대해 모두가 함께 배우고
> 우리가 살아갈 미래에 대해
> 함께 고민할 수 있기를 바랍니다."

여러분은 기후위기라는 단어를 듣고, 배우고 계신가요? 갑작스러운 폭우로 침수된 서울. 5개 시도에 9월 중순에 발령된 폭염 특보. 적도 부근에서 발생하지 않고 북위 25도 이상에서 발생한 강력한 태풍. 저는 이것이 기후위기라고 학교에서 배웠습니다.

그런데 여러분은 대한민국에 환경 과목이 있는 학교가 몇 개나 되는지 아시나요? 이탈리아는 한 학교당 한 명의 환경 교사를 배치하고 있습니다. 호주는 환경 과목이 중·고등학교 필수 과목으로 개설되어 있습니다. 대한민국 전국에는 35명의 환경 교사가 있습니다. 전국 교사 50만 명 중 채 1퍼센트도 되지 않는 수입니다. 다른 나라에 비하면 대한민국의 환경 교육은 매우 불평등합니다. 소수의 학생들만 환경에 대해 배울 수 있습니다. 하지만 현재 대한민국 정부는 앞으로 환경 교육을 늘리는 것이 아니라 오히려 더 줄이겠다는 내용이 포함된 개정교육과정 시안을 발표했습니다. 저희는 소수의 학교에서 소수의 학생들만 받는 환경 수업을 원하지 않습니다. 모두가 함께 배우고 우리가 살아갈 미래에 대해 함께 고민할 수 있기를 바랍니다.

기후위기 앞에 선 창작자들*

외치네

조연정(상연)·윤은성(원작)

여기서 나는 노래해
돌멩이 되어 노래해
서로에 섞여 드는 빛
바람이 되어 노래해

---

* '기후위기 앞에 선 창작자들'은 기후정의에 대한 고민과 실천을 매개로 지금의 문제
적인 체제를 심문하면서, 이를 전환하기 위한 수평적이고 지속가능한 공동 예술의 움
직임을 만든다. 창작장 안에서의 돌봄을 탐색한다. 조연정은 윤은성이 쓴 곡을 포에
트리 슬램 방식으로 노래했고, 윤은성, 정옥다예, 홍지연, 희음, 진송, 혜수는 시/소설
낭송을 통해, 공동 기획한 '퇴비들의 행진'이라는 이름의 퍼포먼스를 상연했다. 다만
진송이 번역하여 낭송한 시 「노아의 아내에게 보내는 편지」(Maya.C.Popa)는 저작권
과 관련하여 책에 싣지 못했다. 준희와 보란은 두 사람이 함께 만든 랩 〈우리 계속 걷
자〉를 불렀다.

우는 법을 잊은 철창 속
슬픔마저 잊은 듯
기다림의 이유도 잊은 채
지하에 차오르는 물을 봐
지상에 쏟아지는 빗줄기
여기서 나는 되돌려

여기서 나는 되돌려
여기서 나는 되돌려
여기서 나는 되돌려

여기서 나는 외치네
여기서 나는 걸어가리
여기서 비가 멈추고
또 저기서 가뭄 멈추고
메마른 땅의 숨을 떠올려
불에서 잃은 집을 되돌려
물에서 잠긴 골목의 삼색이가
여기서 내게 아른거릴 때

여기서 나는 춤을 춰
흔들리는 수풀의 잎 되네
여기서 나는 싸우네
앞발을 드는 말 되네

여기서 나는 슬퍼해
여기서 나는 외치네

여기서 나는 외치네
여기서 나는 외치네
여기서 나는 외치네

유리 광장에서

윤은성

기억하니
우리는 음악과 지구과학*을 같은 날 배우고
함께
옥상에 올랐잖아

구름 사이로 빛이 보이면 무언가 알아챈** 것만 같은
기분도 들고
소나 강아지의 이마를 만지는 것 같은
부드러운
떠가는 시간을 촘촘히 알 것 같았잖아

이게 다 무슨 소용일까 하면서

---

* 교사 보란 님을 통해 지구과학 교과목이 따뜻할 수도 있겠다고 상상함.
** 동물해방운동을 하는 혜린 님과의 대화에서 '알아채다'라는 말을 전해 받음.

엎드려 울기밖에 할 수 없더라도
시간에 맞추어 책상에 앉아 이어폰을 나눠 끼었잖아

그때도 이걸 알았던 기분이야
내가 사는 도시에선 자주 광장으로 사람이 모이고 흩어져
계속 말하려고 하는데 어쩐지
여기에서 외치는 기도가 멀리까지 가닿지 못하는 기분이야

우리는 함께 흘러가는 구름을 보고 노래를 들으면서도
날아가지 못했어
날개 같은 건 정말로 얻어지지 않나 봐
대신
그때 우리가 느꼈던 건 옥상에 있어도
잠겨 가는 기분

또 때론
빼곡한 책상에 엎드렸던 아이들이
목말라 창밖으로 나가려고 유리를 두드리는 장면

그때도 그걸 느꼈다면

여기서 이제 우리는 무엇을 더 느끼고
어떤 희망을 적으며 한 해를 마감하고 나이를 더 먹어야 해?

내 목소리가 지상에서
또 지하에서 잠시 울리고 사라져

우리가 붙들고 모이는 게
미래를 등지고 선 사람들이 몸을 되돌려 보려고
보이지 않는 선으로 연결된
조용한 기도라고 하자

유리와 안개를 동시에 깨뜨리고
밖에서 안으로 집어넣는
손을 알아채려 잠시 모였다고 하자

소멸

정옥다에

한 입 두 입
땅이 먹혀들어 간다
발등 덮은 파도는
간간한 향 잃은 지 오래다

죽은 것만 즐겨 먹는 입은
살아남을 생명을 정해 놓고는
맥락 없는 말 싣고 넘실거린다

바람에 붙잡힌 물이
진흙에 나이테를 만드는 동안
시간은 쓸려 가서 밀려오지 않는다

제 손을 떠나 생겨난 저주에

조물주는 두려움의 향을 피우고
도파에 맴도는 멸망은
처량하긴커녕 찬연하다

한 입 두 입
땅이 먹혀들어 간다
체한 바다의 얼굴이 하얗게 질려 간다

2050년 올해 8월,
한국의 평균 기온은 38도를 기록했다

홍지연

옆집 언니가 죽었다. 푹푹 찌는 더위 때문인가. 아니 이걸 더위라고 할 수 있나? 뜨겁다. 뜨겁다는 말이 더 잘 어울린다.

일주일 전 처음 만난 언니는 자기 방 에어컨이 망가졌다며 며칠 우리 집에 있었다.

저기, 안녕하세요. 옆집인데요, 저희 집 에어컨이 망가져서… 며칠만 같이 지내도 될까요?

네, 들어오세요.

몇 년 전부터 에어컨이 고장 나는 일은 잦아졌다. 너무 더운 날씨 때문에 실외기가 어떻게 된다는데 잘 모르겠고, 수리 인력이 많이 모자라서 고치는 데 한 달은 걸린다고 한다. 어떤 사람들은 호텔로 피난을 가고, 어떤 사람들은 수리 기사한테 뒷

돈을 주고 수리 일정을 앞당기고 한다는데, 우리같이 아무것도 아닌 사람들은 하염없이 기다리는 수밖에 없다. 아무튼, 그래서 이런 식으로 옆집이나 주변 이웃들과 갑자기 살게 되는 게 문화처럼 되어 버렸다. 우리 집에도 벌써 두 번째 손님이다.

옆집 언니와 나는 처음 만난 것이 무색하게도 꽤 잘 맞았다. 운동을 좋아하고 육식을 하지 않는 것. 같이 지내는 동안 언니는 주로 냉동 야채나 건야채로 음식을 해 줬는데, 신기하게 옛날에 먹던 생채소의 맛이 났다.

언니, 맛있다 이거.

그치.

내가 하면 질정질경한데 언니는 어쩜 이렇게 아삭아삭하게 만들지?

물에 잘 불리고 적당히 익히면 돼.

아.

응, 하도 생채소를 못 먹으니까 난 이렇게라도 해서 먹어.

언니, 나 다음 주에 출장 가거든, 근데 그쪽이 공장식 텃밭이랑 가까워서 야채 값이 엄청 싸대. 내가 야채 사 올 테니까 갔다 와서 같이 먹자.

에이, 그 비싼 걸.

대신 언니가 음식 해 주면 되지.

그래, 그럼.

샐러드 같은 거 해 먹을까? 나 샐러드 못 먹은 지 5년은 된 거 같아. 옛날에 누구 결혼식에서 먹었던 것 같은데.

나도 누가 안 사 주면 안 먹어.

같이 티비를 보고, 시답지 않은 얘기를 하며 며칠을 지냈다. 내가 "밖에서 운동하고 싶다" 같은 엉뚱한 말을 하면, 언니는 "타 죽고 싶으면 그렇게 해"라고 대답했다. 나는 푸하하하 웃으면서 "나중에 다시 그런 날이 오면 같이 등산이나 하러 가자. 아, 이십 년 전에만 언니를 알았어도 같이 등산이고 바다 수영 이고 하는 건데"라고 말했다. 언니와의 소소한 미래를 그렸다. 나는 "에어컨 다 고쳐도 우리 계속 보자" 했다. 언니는 "당연하지" 그랬다.

출장을 가는 게 아니었다. 아니, 집 문을 잠그고 떠나는 게 아니었다. 내가 그냥 우리 집에 계속 있으라고 했는데, 언니는 "어차피 3일만 참으면 되는데 뭐" 하고 언니 방으로 돌아갔다. "언니, 그럼 나 최대한 빨리 올게. 너무 더우면 연락해. 비밀번호 알려 줄게." "응, 알겠으니까 걱정 마."

아무 연락 없어서 괜찮은 줄 알았다. 돌아와서 문을 쾅쾅 두

들겨도 대답이 없었다. 불안한 마음에 사람을 불러 문을 열고 들어가니까, 언니는 뜨거운 방 안에서 푹 익은 채 죽어 있었다. 요즘 에어컨 수리 기다리다가 죽는 사람이 그렇게 많다는데 언니가 이렇게 될 줄은 몰랐다.

장례식에 다녀왔다. 아무리 그래도 더위 먹어 죽은 사람인데 화장은 좀 가혹하지 않나.

집에 돌아오니 아파트 복도에서 자주 보던 여자가 짐을 싸 들고 문 앞에 서 있었다.

아…. 또.

며칠은 혼자 있고 싶은데. 생각만 했다.

가까이 가기

희음

한 사람이 때 묻은 박스를 펼친다. 푸른 원을 그린다. 지구
의 일을 다 알지 못할 때 한 사람의 손끝은 필사적으로 단단해
진다. 둥근 것, 맑은 것, 초록초록, 초록 글씨를 써넣는다. 다 거
짓말이다. 크레파스는 오래전에 조각났다. 다만 한 사람은 듣
고 또 냄새 맡는다. 맨 앞에는 사라진 몸들이 남기고 간 울음
냄새. 옆집 식탁에는 붉은 음악이 놓여 있다. 피는 침과 잘 섞
인다. 식탁은 폭염을 모르고 다른 몸의 비명을 모른다. 안전. 안
전하게 웃는다. 각자의 방문은 활짝 닫혀 있다. 어떤 문 뒤에 있
는 너무 먼 몸의 이야기는 원근법 때문에 보이지 않는다. 원근
법은 인간의 아이디어다. 동물이었던 걸 기억하는 사람은 천천
히 박스 위에 눕는다. 몸을 만다. 지구가 자신의 깊은 곳에다 자
꾸 온도를 토해 낼 텐데. 박스 위에서 한 사람은 이마가 끓는다.
사라진 몸들이 키 큰 크레파스처럼 그 옆에 눕는다.

검은 새

혜수

까만 몸에 까만 눈을 가진 너를 좋아해
그냥 지나쳐 버리기엔 크고 눈으로 쫓기엔 작은 몸짓에 반
했어
불길한 어슬렁거림이 아니라
홀로 어색한 방황이 아니라
호기심 많은 동동거림에
갸우뚱거리는 정수리에
그런 모든 것에 눈길이 가

나는 너를 글로 먼저 알았어
죽음만큼 어두운 밤에 노래하는 새*라고
부러진 날개로 나는 법을 배우는 새**라고

---

* 비틀즈 〈Blackbird〉 가사 중에서.
** 비틀즈 〈Blackbird〉 가사 중에서.

그런 너를 이제는 흔하게 볼 수 있지만 여전히 특별해
너의 노래는 구슬프지도
출랑대지도 않지만
긴긴 밤을 버티게 해

너의 날갯짓과 나의 반나절이 얼마나 다를까
요란한 구애 없이
무리를 지어 떼 지어 다니지도 않고
철마다 대륙을 횡단하는 스펙터클은 없지만
죽음도 제 기능이 있다고
절뚝거리며 빛을 향해 날아가는
너가 대단해

기차역 플랫폼 검은 철제 기둥에 숨어 나를 내려다보던 너를
기억해
대칭을 이루는 눈알로
매끄럽게 빛나는 검은 부리로
다르게 진화한 서로를
야무지게 쪼아 봐
비가 와도 젖지 않는 깃털을

공들여 매만지는 너를 동경해

슬픔을 당연하게 여기지 않는 검정을 생각해
날아오르는 때는 없는 거라고
거꾸로 매달려
더 추워지는 봄과 더 더워지는 여름에
몸서리치는 마른 꽃들을 헤아리며
너는 나고 나는 너라고
언젠가 함께 퇴비가 되어 만날 우리를 축복해

우리 계속 걷자

준희 · 보란

상처일 땐 너무 아프니까 빨리 아물어서 흉터나 돼라
근데 막상 흉터가 되면 또 볼 때마다 슬프니까
이건 영원히 아문 것도 아냐
내가 삐끗해서 제자리에 멈췄어도 시곗바늘은 가고
여기서 삐뚤어진 사람은 나야
반복되는 하루 사이 오늘은 다르기를 바라는 건 모순인 걸
난 알아

모든 게 지긋해 다 내려놓으려 해도
다시 또 생각해 내 발걸음이 때로
향해 있는 곳에 난 새로운 편견을 깨고
자신 없던 내 걸음에 용기를 얻네

두려움에 피하려던 곳이 구원이었단 걸

난 깨달았어 굳이 정해 놓을 필욘 없어
우리의 걸음이 향해 가는 곳은
폭력과 차별 그리고
착취 낭비 없는 세상

우리 계속 걷자
평등을 향해 손을 뻗자
우리 계속 걷자
혐오를 사랑으로 꺾자

누군가에겐 가망 없는 일
목적이 있어야만 허락되는 일
손을 내밀었던 슬픔과 두려움에
나는 모르는 척할 수 없었지

흔들리는 상처에 눈을 바로 뜨고
함께 느끼는 순간은 헛되지 않아
서로의 취약함에 주의를 기울이고
치유를 통해 우리의 연결을 담아

모든 얼굴과 마주하는 얼굴들
두려움이 끼어들 틈은 없지
마음과 마음이 연결된 우리는
누구도 낭비되지 않지

푸른 하늘을 빼앗겨 버린 지구는
지금 이 행성을 엄습하는 아픔은
흩어져 버린 우리의 무심한 지금
이른 기상을 맞이한 겨울 사라진 꿀벌들
녹아 버린 눈 메마른 폐허 위에
생명의 불씨는 희미해져 가고
소수의 지배 아래 다수의 경쟁 속
누군가는 물에 잠기지 않길 빌었네

간절한 구호를 남긴 채
떠나간 영혼을 기억해
애도의 물결을 길어서
오염된 세상을 씻어 내

에필로그
집회라기보다는 축제 같았던, 924 기후정의행진*

한재각

지난 9월 24일, 서울시청과 남대문 일대에서 3만 명이 모여 '기후정의행진'에 참여했다. 이미 기후위기는 기후재난으로 세계 곳곳에서 모습을 드러내고 있으며, 우리에게도 밀려와 반지하 집 현관문 앞에까지 도달해 있다. 많은 이들이 기후위기에 대해서 깊은 우려와 두려움을 가지고 있을뿐더러 이제는 재난을 피할 수 없을지 모른다는 무력감에 빠져들고 있다. 또한 기후위기의 부정의와 불평등에 대한 인식과 분노도 커지는 상황이다. 이런 사회적 감정들이 수많은 이들을 거리에서 함께 행진하도록 만들었다. 참여자들은 함께 행진하는 동료 시민들을

---

* 이 글은 창비주간논평(2022. 10. 4)에 실린 것을 약간 수정한 것이다.

만나 위로를 얻고, 함께 듣고 외치는 연설과 구호로 무력감을 떨쳐 냈으며, 함께 부른 노래와 춤으로 희망의 가능성과 낙관을 얻을 수 있었다. 한 언론이 "집회라기보다는 축제 같았다"고 묘사한 것처럼, 기후위기의 어두운 절박함 속에서도 즐거운 웃음이 가득한 행진이었다.

이번 행진은 2019년의 '기후위기비상행동' 이후 3년 만에 이루어진 대규모 행동이었다. 2019년에는 '기후위기'를 인정하고 대응할 것을 요구하였다면, 이번에는 기후위기의 불평등을 부각하며 '기후정의'를 요구했다. 2019년 행동으로 정부와 기업들은 '탄소중립'을 내세우면서 기후위기에 대응한다고 선언했지만 말뿐이었다. 기후부정의의 해결은 고사하고, 온실가스 감축의 시도조차 부실했다. 오히려 '탄소중립 휘발유'와 같은 기업들의 그린워싱만 횡행할 뿐, 석탄발전소의 건설은 계속되고 새로운 공항 건설도 추진되었다. 폐쇄되는 석탄발전소의 노동자들은 충분한 정보 제공이나 의사 결정 참여 기회도 없이 일자리 상실의 위협에 내몰렸고, 민영화된 대규모 재생에너지 사업으로 농민들은 땅을 빼앗겼다. 코로나19를 통해 적나라하게 드러난 불평등을 겪은 후 다시 모이는 자리가 3년 전과 같을 수는 없었다.

3만여 명이라는 참여자 규모는 3년 전 서울 대학로에서 모인 5천여 명에 비해 비약적으로 성장했다. 하지만 이것이 전부는 아니다. 기후정의운동의 외연도 훨씬 넓어졌다. 3년 전 행동이 환경단체들 중심이었다면, 이번에는 환경뿐만 아니라 노동, 농민, 반빈곤, 평화, 장애인, 성소수자, 복지, 보건의료, 종교, 문화예술, 진보정당 등 한국 사회에서 활동하는 거의 모든 영역의 단체들이 조직위에 참여했다. 5천여 명 민주노총 조합원들의 행진 참여만이 이 변화를 상징하는 것은 아니었다. 집회 무대, 행진 차량, 오픈마이크 앞에 선 여러 발언자들은 기후위기최일선 당사자들의 다양성을 보여 줄 뿐만 아니라, 복합적인 기후정의운동의 구성을 드러내 주었다. "이것(기후위기)이 모든것을 바꾼다"고 했던 네이오미 클라인의 분석을 기후정의운동의 다양한 구성과 폭넓은 연대로 구현해 낸 것이다. 언론이 기후행동을 환경단체의 연대로만 설명하는 관습은 점차 실체에서 벗어난 '오보'가 되고 있다.

요구하는 바도 달라졌다. 3년 전에는 기후위기를 인정하고배출제로 계획을 수립하며, 독립적 범국가기구를 설치하라고요구했다. 정부는 형식적으로나마 이를 수용했지만 '현상 유지'로 버무려진 '녹색성장'의 길을 놓았을 뿐이다. 기후정의의말은 보다 비판적이고 근본적으로 나갈 수밖에 없게 되었다. 이번 기후정의행진은 기후위기가 온실가스를 뿜어 대는 화석연료 때문만이 아니라고 평가하고, 근본적 원인은 자연과 인간을 희생시켜 더 많은 상품을 만들고 팔아 치워 이윤을 쌓는 '체제'에 있다고 주장했다. 그 체제는 무분별한 화석연료 사용과 생명 파괴라는 겉모습을 띤 '자본주의 성장 체제'라고 규정했고, 그 안에서 발생한 불평등이 기후위기의 '원인이자 결과'라고 명시했다. 따라서 우리의 요구는 '화석연료와 생명 파괴 체제의 종식'과 '모든 불평등의 철폐'가 되었다. 거기에 '기후위기 최일선 당사자의 목소리'가 더해지고, 마침내 "우리가 길이고, 우리가 대안"이라는 선언으로 이어졌다.

조직위의 이러한 요구와 선언은 행진에 참여한 수많은 사람들의 입을 통해서 재확인되었다. 집회와 행진 곳곳에서 "자본주의를 철폐하자", "체제 전환이 필요하다"는 연설과 구호가 쏟아져 나왔다. 신공항 계획에 맞서 새만금의 마지막 갯벌, 수라 갯벌을 지키기 위해 싸우는 한 연사는 연단에 올라 기후붕괴를 막기 위해 '혁명'이 필요하다고 주장했다. "자본주의를 철폐하여 모든 억압과 착취로부터 스스로를 해방하고 서로를 해방하는 새로운 세상, 용기 내어 함께 만듭시다!" 예외적이고 돌출적인 발언이 아니었다. 많은 참여자들도 크게 호응하고 박수를 보냈다. 무력감을 이겨 내고 (순간이지만) 해방의 거리에서 터져 나온 뚜렷한 흐름이었다. 지금까지의 운동으로는 위기를 해결하기 어렵다는 반성과 근본적인 접근이 필요하다는 갈망이 만나 이루어진 것이다.

기후정의행진은 큰 성공을 거뒀다. 사람들은 자신감을 되찾고 기후정의운동에 활력을 불어넣고 있다. 더욱 과감하게 말하고 행동하며, 현 체제에 저항하는 일에 용기를 얻게 되었다. 이는 더 나아가 체제 전환의 대안을 찾아나서는 실험과 토론에 방향을 제시하고 추진력을 부여할 것이다. 두어 계단 위로 성큼 올라서니 새롭게 부각되는 과제들이 많을 수밖에 없다. 너무 급진적이어서 대중과 괴리될 수 있다는 우려에서부터, 급진적 구호가 난무했지만 적대할 구체적인 대상과 요구가 명확하지 않다는 평가까지. 이제 기후정의운동은 새로운 활력으로 이를 마주하고 해결해 가야 한다. 많은 이들이 행진에 앞서 한 번의 대규모 행동으로 위기가 해결되지 않을 거라 냉정하게 전망했다. 타당한 이야기이지만 이번 행진이 만들어 낸 변화 앞에서 깍쟁이처럼 굴 필요는 없다. 오히려 그 변화가 무엇인지 주의 깊게 관찰하고, 그로부터 사회적 힘을 끌어올려 과감히 다음 걸음을 내딛어야 한다.

기후정의의 말들
924 기후정의행진 연설문 모음

초판 1쇄 발행   2023년 2월 6일

기획   9월 기후정의행동 조직위원회
펴낸이   오은지
책임편집   변홍철
편집   오은지 변우빈
펴낸곳   도서출판 한티재 | 등록   2010년 4월 12일 제2010-000010호
주소   42087 대구시 수성구 달구벌대로 492길 15
전화   053-743-8368 | 팩스   053-743-8367
전자우편   hantibooks@gmail.com | 블로그   blog.naver.com/hanti_books
한티재 온라인 책창고 hantijae-bookstore.com

ⓒ 9월 기후정의행동 조직위원회 2023
ISBN   979-11-92455-17-4 04300
ISBN   978-89-97090-40-2 (세트)